AF613892

DON
71 00002
399

MANUEL DES DÉPOSANTS

AUX

CAISSES D'ÉPARGNE

ET A LA

Caisse nationale des Retraites pour la Vieillesse.

LÉOPOLD ARNAUD

MANUEL DES DÉPOSANTS

AUX

CAISSES D'ÉPARGNE

(CAISSE POSTALE OU NATIONALE ET CAISSES ORDINAIRES OU PRIVÉES)

ET A LA

Caisse nationale des Retraites pour la vieillesse

OUVRAGE HONORÉ DE SOUSCRIPTIONS

DES MINISTÈRES DU COMMERCE, DE L'INDUSTRIE ET DES COLONIES, DES FINANCES, DE L'INSTRUCTION PUBLIQUE, DE LA GUERRE, DE LA MARINE, DES AFFAIRES ÉTRANGÈRES, DES TRAVAUX PUBLICS, DE LA DIRECTION GÉNÉRALE DES POSTES ET DES TÉLÉGRAPHES, DE LA DIRECTION CENTRALE DE LA CAISSE NATIONALE D'ÉPARGNE, DE LA PLUPART DES GOUVERNEMENTS ÉTRANGERS, ETC.

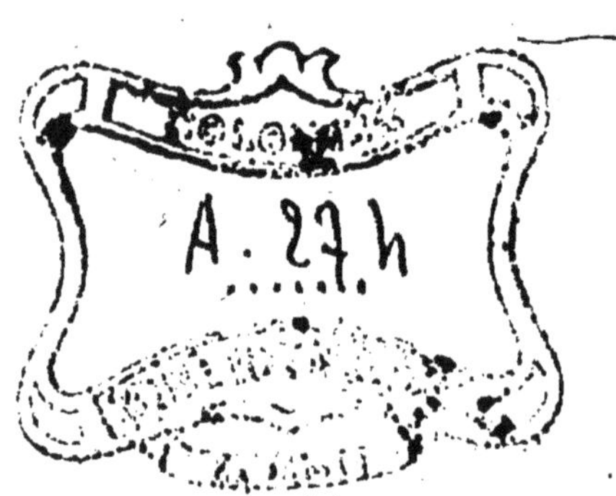

PARIS
A. LAHURE, IMPRIMEUR-ÉDITEUR
9, RUE DE FLEURUS, 9

1894

AVANT-PROPOS

Il n'y a guère de livres récents consacrés aux institutions de prévoyance qui ne contiennent au moins quelques pages sur les établissements d'épargne, mais presque tous se bornent à les envisager sous leur aspect juridique, moral ou économique.

Il s'ensuit que le public ne trouve pas dans ces ouvrages des conseils pouvant le guider utilement dans ses rapports avec les Caisses d'épargne. Aussi est-il généralement peu familiarisé avec les formalités qu'il doit remplir, soit pour déposer ses économies, soit pour les retirer, soit encore pour les convertir en achats de rente ou en versements à la Caisse nationale des retraites pour la vieillesse.

Cette ignorance des règles auxquelles sont soumis les dépôts et les retraits de fonds d'épargne est souvent la source de difficultés et de lenteurs qu'on est trop enclin à imputer aux procédés administratifs.

Notre traité a pour but d'éclairer les déposants sur les moindres détails des opérations qui peuvent être effectuées aux Caisses d'épargne, sur l'étendue de leurs droits et sur les précautions qu'il est de leur intérêt de prendre.

Les officiers ministériels le consulteront avec fruit, notamment au point de vue de la délivrance des certificats de propriété, des significations d'oppositions et des démarches à faire en faveur de leurs clients.

Il ne sera pas moins utile à tous ceux qui concourent à la réception et au remboursement des dépôts d'épargne.

Ajoutons que le personnel enseignant y trouvera, avec l'organisation des Caisses d'épargne scolaires, la matière d'un cours nouveau.

Cet ouvrage, qui est la continuation, sous une autre forme et sous un autre titre, de notre Guide des Caisses d'épargne et de leurs déposants, *renferme, avec de nombreux développements complémentaires, un rapide historique des Caisses d'épargne : il nous a paru que la genèse et les progrès de ces établissements ne sauraient laisser leur clientèle indifférente.*

Nous ne terminerons pas sans remercier MM. Henri Michon, commis principal au Ministère du commerce et de l'industrie, et Charles Legrand, employé à la Caisse d'épargne privée de Nantes, à l'obligeance desquels nous avons eu souvent recours et dont le savoir a beaucoup facilité notre tâche.

MANUEL DES DÉPOSANTS

AUX

CAISSES D'ÉPARGNE

(CAISSE POSTALE OU NATIONALE ET CAISSES ORDINAIRES OU PRIVÉES)

ET A LA

Caisse nationale des Retraites pour la vieillesse

HISTORIQUE

L'idée de recueillir les économies des travailleurs dans des établissements destinés à les faire fructifier et présentant toutes les garanties de sécurité possibles est relativement récente.

Un Français, Hugues Delestre, lieutenant civil au siège royal de Langres, la formula le premier, en 1611, dans une étude sur l'institution des Monts-de-piété[1].

Bien qu'un peu rudimentaire, le projet d'Hugues Delestre était d'une application suffisamment pratique; néanmoins, aucune suite n'y fut donnée. L'état des mœurs et des esprits de l'époque se prêtait difficilement à sa réalisation. Il ne devait être repris que deux siècles plus tard.

Dans l'intervalle, la Révolution témoigna cependant de sa sollicitude pour l'épargne populaire : en effet, le 19 mars 1793, la Convention nationale décrétait la création d'une *Caisse nationale de prévoyance*; mais les événements ne lui permirent pas de l'organiser.

Quelques années après, la Banque de France s'engageait, par ses

1. *Le premier plan du Mont-de-piété.*

primitifs statuts du 28 pluviôse an VIII, à ouvrir une *Caisse de placements et d'épargne*. Il faut croire que la tâche lui parut ensuite sans profit ou indigne de ses soins, car son engagement resta lettre morte.

Pendant que l'institution des Caisses d'épargne éprouvait des difficultés pour s'implanter en France, elle rencontrait dans plusieurs États d'Europe un milieu favorable à sa propagation.

C'est à la ville de Hambourg que revient l'honneur d'avoir organisé le premier établissement d'épargne (1778). Berne et Oldenbourg l'imitèrent dix ans après; puis ce fut Tottenham, en Angleterre. Dans ce dernier pays, les Caisses d'épargne se multiplièrent si rapidement que, dès 1817, le Parlement dut les réglementer.

Jusque-là, en France, aucune nouvelle tentative d'acclimatation ne s'était produite. Ce n'est qu'en 1818 que se fonde, à Paris, la première institution française. Elle eut pour parrains le duc de La Rochefoucauld-Liancourt et Benjamin Delessert[1]. L'expérience de ce dernier facilita le succès : il avait entrepris au préalable un voyage dans le Royaume-Uni pour étudier le fonctionnement des *Savings-Banks*.

La province ne tarda pas à suivre l'exemple donné par la capitale. Des Caisses d'épargne s'ouvrirent successivement dans les villes suivantes : Bordeaux, Rouen, Marseille, Nantes, Troyes, Brest, Reims, Lyon et le Havre[2].

Avec elles on vit se produire les trois systèmes qui ont présidé concurremment à la constitution des établissements d'épargne français : les uns se placèrent sous le patronage des conseils municipaux; d'autres, dus à l'initiative exclusive des citoyens, s'érigèrent en institutions complètement libres; enfin, le plus petit nombre adopta une organisation mixte, tenant à la fois des Caisses privées indépendantes et du patronage de l'autorité municipale.

Ces premières créations parurent avoir tari les dévouements que les Caisses d'épargne avaient suscités en leur faveur. Il n'en était rien. Le ralentissement constaté dans la fondation des établissements d'épargne de 1824 à 1833 trouve en grande partie son explication dans les années de disette, l'épidémie de choléra, l'expédition d'Afrique et la révolution politique qui marquèrent cette période. Il cessa sous l'influence d'années meilleures et aussi de la loi

1. *La Caisse d'épargne et de prévoyance à Paris*, par A. Bayard (Hachette, 1892).

2. *Les Caisses d'épargne et de prévoyance depuis leur origine jusqu'à nos jours*, par H. Laurent (Pithiviers, 1892).

du 5 juin 1835[1] qui, en plaçant les Caisses d'épargne sous la surveillance de l'État, autorisait le dépôt au Trésor de leurs fonds disponibles[2].

Les Caisses d'épargne, plus étroitement réglées par cette loi, perdirent leur faculté d'accommodation au milieu, ce qui était regrettable au point de vue de leur action économique; mais elles trouvèrent une compensation au sacrifice partiel de leur indépendance dans la confiance que leur apportaient la tutelle de l'État et sa garantie d'intérêt.

Cette confiance assura et précipita leur succès. On en trouve le témoignage dans les chiffres suivants :

En 1829 la statistique n'enregistrait encore que 11 Caisses d'épargne; il en existait déjà 128 en 1835, 278 en 1840 et 345 en 1845. Ce vigoureux mouvement ascensionnel se trouva arrêté par la crise de 1848; mais il ne tarda pas à reprendre tout son essor. En 1855 le nombre des établissements montait à 368, malgré les restrictions apportées à la quotité des dépôts par la loi du 30 juin 1851; il passait à 435 en 1860 et, enfin, atteignait en 1882 le chiffre de 543, qui n'a pas été depuis sensiblement dépassé.

Le nombre des succursales s'était élevé, pendant la même période, de 55 à 926.

La loi du 9 avril 1881, créatrice d'une Caisse d'épargne postale ou nationale, à l'exemple de l'Angleterre, de la Belgique et de l'Italie, devait encore ajouter, sinon au développement numérique des Caisses d'épargne privées, du moins à l'importance de leurs opérations.

Cette loi ne fut cependant pas adoptée sans résistance. On prêtait à l'État la pensée de vouloir substituer son action à celle des Caisses d'épargne privées. Telle n'était pas son intention. L'État se plaçait, dans la circonstance, sur le terrain social; il avait uniquement en vue de faciliter l'exercice de l'épargne là où les ressources des communes étaient insuffisantes pour créer de nouveaux établissements.

Son intervention dans ce sens était d'autant plus justifiée que les Caisses d'épargne privées, bien que renforcées du concours auxiliaire des percepteurs, ne se prêtaient pas assez à la force d'accumulation de l'épargne française. Avec son rayonnement ubiquitaire, l'Administration des postes et des télégraphes était tout indiquée pour y répondre. L'adjonction de ses 6000 bureaux aux 1500 établissements privés allait permettre de recueillir l'épargne à mesure de sa formation, de la capter en quelque sorte à toutes ses sources.

1. Voir aux appendices la législation sur les Caisses d'épargne.

2. La Caisse des dépôts et consignations fut chargée ultérieurement de recevoir et d'administrer ces fonds (Loi du 31 mars 1837).

Les effets de l'adaptation de l'organisme postal à l'épargne s'inscrivent, comme une eau montante à l'étiage, dans les chiffres ci-dessous :

CAISSE NATIONALE D'ÉPARGNE — SOLDE DÛ AUX DÉPOSANTS		CAISSES D'ÉPARGNE PRIVÉES — SOLDE DÛ AUX DÉPOSANTS	
au 31 décemb. 1882.	47 601 638	au 31 décemb. 1882.	1 754 893 170
— 1883.	77 431 414	— 1883.	1 816 451 452
— 1884.	115 402 034	— 1884.	2 021 908 204
— 1885.	154 155 572	— 1885.	2 211 350 372
— 1886.	190 674 127	— 1886.	2 315 932 285
— 1887.	225 519 666	— 1887.	2 364 454 094
— 1888.	266 788 602	— 1888.	2 495 367 705
— 1889.	332 073 912	— 1889.	2 683 595 803
— 1890.	413 439 048	— 1890.	2 911 722 358
— 1891.	506 379 931	— 1891.	3 052 760 223
— 1892.	616 363 425	— 1892.	3 227 437 682

La rapide prospérité de la Caisse nationale d'épargne n'a pas nui, on le voit, à celle des Caisses d'épargne privées.

Cet heureux résultat est attribuable à certaines dispositions de la loi du 9 avril 1881 [1], fait qui tend à démontrer que le succès des institutions d'épargne ne dépend pas toujours des habitudes de prévoyance des populations et que la législation qui les régit y contribue pour une large part.

Actuellement, les Caisses d'épargne privées, y compris leurs succursales et annexes, sont au nombre de 1 650 ; elles forment avec les 7 100 bureaux de poste opérant pour la Caisse nationale d'épargne un total de 8 750 établissements, qui comptent ensemble un peu plus de huit millions de déposants et dont l'encaisse s'élève à la somme énorme d'environ 3 500 000 000 de francs.

II

Après avoir suivi les progrès accomplis par l'épargne française depuis le commencement de ce siècle, nous ne saurions passer sous silence

1. 1° L'admission des femmes mariées et des mineurs à se faire ouvrir un compte d'épargne, les unes sans l'assistance de leur mari, les autres sans assistance de leur représentant légal (art. 6) ; 2° l'élévation de 1 000 à 2 000 francs du maximum des dépôts (art. 8) ; 3° la suppression des versements hebdomadaires.

son rôle moralisateur, qui est assurément l'un de ses aspects les plus intéressants.

Il est démontré que dans les milieux où l'épargne apparaît, manifeste quelque activité, la température morale s'élève, maintient en baisse le thermomètre de la criminalité. La mendicité décroît, l'assistance est plus faiblement sollicitée. Il en va du moins ainsi quand l'épargne est dictée par la prévoyance, c'est-à-dire lorsque aucun sentiment d'égoïsme ne préside à sa formation. Là où elle est sainement comprise, elle amène une existence à la fois plus digne et plus ordonnée.

L'épargne n'est pas seulement un instrument de moralisation; elle prépare pour les accidents de la vie le seul remède qui ne coûte pas à la dignité de l'homme ou du citoyen, car elle le dispense de recourir à la charité privée ou officielle; elle allège la société d'une part d'assistance et enfin sert de contrepoids aux agitations politiques. L'homme qui possède, remarque le docteur A. Corre[1], aime la stabilité dans l'État : il est une force pour le régime à l'abri duquel il vit tranquille. Plus le nombre de possédants est considérable, plus une collectivité renferme d'éléments intéressés à la défendre.

Socialement utilisée, l'épargne est de nature à faciliter considérablement la solution des problèmes économiques[2].

Pour toutes ces conséquences, elle doit être protégée et encouragée.

Dans le but d'en inculquer à l'enfance le goût et la science, de nombreuses Caisses d'épargne scolaires ont été créées, depuis 1874, grâce aux travaux de M. de Malarce sur la question et au concours pécuniaire des conseils municipaux. Cette nouvelle branche auxiliaire d'éducation nous paraît susceptible de donner d'excellents résultats, à la condition toutefois que les écoliers possèdent la faculté de retirer en tout temps leurs petites économies pour les appliquer à des dépenses utiles[3].

Actuellement, la plupart des élèves n'ont la libre disposition de leurs dépôts d'épargne qu'à seize ans révolus ou lorsqu'ils ont atteint l'âge de la majorité.

Ce système a l'inconvénient de ne pas rendre sensible à l'enfant la compensation économique des sacrifices que lui impose l'exercice de l'épargne, parce que toute combinaison lointaine excède la portée de son esprit, encore fermé aux idées de prévoyance.

Il s'agit moins de procurer aux petits épargnants un pécule à une

1. *Crime et suicide.*
2. *La question d'économie sociale dans une grande ville populaire*, par E. Rostand (Guillaumin, 1889).
3. Voir le chapitre : *Caisses d'épargne scolaires.*

époque plus ou moins éloignée, que de leur apprendre à commander à leurs désirs, à leurs besoins factices, afin de leur rendre plus tard cet effort facile par l'habitude.

La valeur éducative des Caisses d'épargne scolaires réside principalement dans l'acte de volonté que fait l'enfant pour mettre en réserve les quelques sous qu'il tient de la libéralité de sa famille : l'enfant acquiert ainsi de bonne heure l'énergie morale qui fera de lui un homme sobre, un travailleur courageux, un bon citoyen.

III

Il nous reste à jeter un coup d'œil sur le mouvement de réformation qu'ont suscité les Caisses d'épargne dans ces dernières années.

A travers les phases de leur développement, on a pu remarquer la vive impulsion que leur avaient transmise successivement la tutelle de l'État, l'émancipation partielle de la femme et du mineur pour leurs fonds d'épargne et, enfin, l'élévation du maximum des dépôts à 2 000 francs.

Il en est résulté une abondance de capitaux se précipitant, comme sur un plan incliné, par tous les bureaux de poste et les Caisses d'épargne privées dans le réservoir central de la Caisse des dépôts et consignations, où ils se transforment en rentes.

Cette situation ne pouvait manquer d'émouvoir le législateur, à raison de l'intérêt supérieur au taux normal qui était servi aux fonds d'épargne et des difficultés que, en cas de crise, le remboursement de ces fonds créerait à l'État.

Au commencement de mai 1890, la question était portée à la tribune de la Chambre des députés; le 20 du même mois, comme sanction des désirs exprimés par le Parlement, le Ministre du commerce et de l'industrie et le Ministre des finances déposaient un nouveau projet de loi sur les Caisses d'épargne, tendant notamment à une réduction du taux de l'intérêt.

Une commission spéciale fut chargée d'examiner ce projet de loi, et, après des débats prolongés, elle décidait, d'accord avec le gouvernement, d'abaisser le taux de l'intérêt servi aux Caisses d'épargne privées de 4 pour 100 à 3 3/4 pour 100 (Loi de finances du 26 décembre 1890).

Ce dernier taux ne fut pas longtemps maintenu : la loi de finances du 26 décembre 1892 le fit descendre à 3 1/2 pour 100 pour l'année 1893.

Ces réductions successives indiquent la tendance des pouvoirs publics à dégager progressivement le Trésor, à amoindrir les charges que font peser sur lui les dépôts d'épargne.

Le Sénat a affirmé récemment cette tendance en se prononçant pour l'abaissement à 1 500 francs du maximum de chaque livret, sauf en ce qui concerne les sociétés de secours mutuels, de bienfaisance, de coopération et autres de même nature.

Atteindra-t-on par cette mesure, si elle est adoptée, le but poursuivi? L'affirmative paraît douteuse.

Il serait préférable, à notre avis, de créer à l'épargne d'utiles dérivations par l'octroi aux établissements qui la recueillent d'une faculté plus étendue de consolidation et d'emploi de leurs capitaux.

Cette question soulève, il est vrai, des problèmes d'une solution délicate, complexe; toutefois les difficultés n'en paraissent pas irréductibles.

Il semble, en effet, qu'il soit possible de tracer à l'initiative des Caisses d'épargne un orbe assez circonscrit pour les préserver de toute aventure, mais assez large pour leur permettre de convertir une partie des capitaux qu'elles reçoivent en d'autres valeurs qu'en rentes sur l'État[1].

La suppression du système d'adduction forcée au Trésor n'aurait pas seulement pour résultat de réduire au minimum la responsabilité de l'État; elle aurait aussi pour conséquence de rejeter une partie de l'épargne dans le courant de l'activité nationale, qu'elle aviverait de son apport permanent.

1. Le législateur semble vouloir, du reste, entrer dans cette voie. Le projet de loi sur les Caisses d'épargne adopté récemment par le Sénat porte, en effet, que les sommes versées par ces établissements à la Caisse des dépôts et consignations pourront être employées en valeurs de l'État ou jouissant d'une garantie de l'État; en obligations négociables et entièrement libérées des départements, des communes, des chambres de commerce et en obligations foncières et communales du Crédit foncier (Voir à ce sujet le remarquable rapport fait, au nom de la Commission chargée d'examiner ledit projet de loi, par M. Denormandie, sénateur. — Séance du 8 juin 1893).

CHAPITRE I

ORGANISATION

1. — La Caisse nationale d'épargne, instituée par la loi du 9 avril 1881, est placée sous l'autorité du Ministre du commerce et de l'industrie. Tous les bureaux de poste sont ses correspondants. Les opérations effectuées par les receveurs de ces bureaux sont centralisées par un agent comptable justiciable de la Cour des comptes et astreint au versement d'un cautionnement. La direction de ces opérations est confiée à un service administratif dépendant de l'Administration des postes et des télégraphes.

La gestion de l'agent comptable et de ses préposés dans les départements est soumise à la vérification de l'Inspection générale des finances.

La Caisse nationale d'épargne est placée sous la garantie immédiate et absolue de l'État, qui est responsable vis-à-vis des déposants de toutes les sommes versées, par eux, à titre d'épargne, dans les bureaux de poste.

2. — Au point de vue de leur constitution, les Caisses d'épargne privées se divisent en trois groupes principaux : celles qui sont placées sous le patronage des conseils municipaux; celles qui sont complètement en dehors de ce patronage et, enfin, les Caisses qui ont un caractère mixte. La première de ces organisations a prévalu sur les deux autres, parce qu'elle a l'avantage d'assurer les ressources nécessaires à l'existence des établissements dont l'ouverture est sollicitée; la jurisprudence n'admet plus de création de Caisses d'épargne privées en dehors de l'intervention des conseils municipaux.

Tout conseil municipal qui demande l'autorisation de fonder une Caisse d'épargne doit, au préalable, voter des statuts, conformes au modèle donné à l'appendice I, par lesquels il contracte l'engagement de couvrir, en cas d'insuffisance des recettes, l'excédent des dépenses de l'établissement. La délibération contenant le texte des statuts est ensuite adressée en triple expédition, par l'intermédiaire du préfet du département, au Ministre du commerce et de l'industrie, qui la renvoie, pour examen, au Conseil d'État.

L'autorisation portant approbation des statuts est accordée, s'il y a lieu, par décret.

En retour du concours pécuniaire qu'ils prêtent aux Caisses d'épargne privées, les conseils municipaux reçoivent la mission de nommer le conseil des directeurs, dont la présidence est de droit attribuée au maire. Ils sont, de plus, appelés à adopter les modifications statutaires votées par le conseil des directeurs et à prononcer, en cas de dissolution de l'établissement, l'affectation à une œuvre de bienfaisance ou d'utilité publique des fonds restés libres.

Les Caisses d'épargne privées sont administrées par un conseil de directeurs dont les fonctions sont gratuites. Sous la dépendance de ce conseil sont placés des employés salariés, qui peuvent être astreints à fournir un cautionnement. Le cautionnement est obligatoire pour les caissiers et les sous-caissiers chargés du maniement des deniers et de la tenue de la comptabilité.

En dehors du contrôle permanent exercé par les directeurs, les agents des Caisses d'épargne privées préposés à la manutention des fonds et valeurs et aux écritures sont assujettis à la surveillance des trésoriers généraux et des receveurs des finances, qui peuvent vérifier, par eux-mêmes ou par leurs fondés de pouvoirs, la comptabilité et la situation de la caisse toutes les fois qu'ils le jugent convenable. Ces vérifications doivent avoir lieu une fois au moins par trimestre.

La Caisse d'épargne de Paris est placée sous la surveillance directe du Ministre des finances, qui en fait vérifier la situation à des époques indéterminées.

L'Inspection générale des finances peut porter son examen et ses investigations sur toute la gestion des Caisses d'épargne privées (Décrets du 15 avril 1852 et du 21 août 1881).

Aux termes de l'article 10 du décret du 15 avril 1852, les fonds reçus par les Caisses d'épargne privées doivent être immédiatement versés à la Caisse des dépôts et consignations, sauf la réserve des deniers nécessaires aux remboursements.

5. — La Caisse nationale d'épargne est un établissement public; la Caisse d'épargne privée valablement constituée est un établissement d'utilité publique. Ces institutions sont aptes à recevoir des dons et legs. Les Caisses d'épargne nationale et privées sont soumises au droit commun dans leurs contestations avec les déposants; elles n'ont pas besoin d'autorisation pour ester en justice.

L'article 14 de la loi du 9 avril 1881 les a autorisées à se décharger de toutes quittances et pièces et de tous livrets soldés ayant plus de trente ans de date.

4. — Chaque année un rapport est présenté au Président de la République par le Ministre du commerce et de l'industrie, tant sur la situation et les opérations de la Caisse nationale d'épargne que sur celles des Caisses d'épargne privées.

Ce rapport est publié au *Journal officiel* et distribué au Sénat et à la Chambre des députés.

CHAPITRE II

PREMIERS VERSEMENTS

1° *Dépôt des fonds.*

5. — Les Caisses d'épargne nationale et privées ouvrent, à toute personne par laquelle ou au nom de laquelle des fonds sont versés à titre d'épargne, un livret, sur lequel sont inscrits, à mesure qu'ils ont lieu, les dépôts et les retraits de fonds.

Toutefois ne sont pas accueillis les dépôts effectués directement par les aliénés et les interdits, ainsi que les versements proposés par les établissements généraux de bienfaisance ou d'utilité publique dont le service financier est rattaché aux budgets départementaux (Voir le chapitre *Sociétés, communes établissements publics, hospices, notaires, etc.*).

Les livrets sont fournis gratuitement par la Caisse nationale d'épargne. Quelques Caisses d'épargne privées en réclament le prix, soit au moment de l'ouverture du titre, soit lorsque le compte est remboursé intégralement.

6. — Les sommes versées à la Caisse nationale d'épargne sont reçues tous les jours, y compris les dimanches et les jours fériés, pendant la durée réglementaire du service postal, par l'intermédiaire des bureaux de poste de France, d'Algérie, de Tunisie et de la principauté de Monaco.

Les conditions dans lesquelles sont reçues les sommes versées par l'intermédiaire des bureaux de poste français fonctionnant à Alexandrie, Smyrne, Tanger, Port-Saïd, Beyrouth, Salonique et Constantinople sont indiquées au chapitre consacré aux *Succursales étrangères*.

Pour les sommes versées par l'intermédiaire des divisions des équipages de la flotte et des bâtiments de l'État, voir le chapitre *Succursales navales*.

Les facteurs des postes peuvent se charger d'effectuer des versements pour le compte des déposants à la Caisse nationale d'épargne; mais ils n'y sont pas obligés, et, d'ailleurs, ces opérations, faites du consentement des deux parties, n'ont pas pour effet d'engager la responsabilité de la Caisse nationale d'épargne.

Il est juste d'ajouter que, jusqu'à ce jour, les opérations d'épargne confiées à ces sous-agents n'ont donné lieu à aucune réclamation de la part des intéressés.

7. — Les sommes versées aux Caisses d'épargne privées sont reçues, au siège de ces établissements et dans leurs succursales, à des jours et heures déterminés qui sont portés à la connaissance du public par voie d'affiches ou de notices.

A raison de leur importance, quelques Caisses d'épargne privées, telles que celles de Paris, Lyon, Marseille, etc., sont ouvertes tous les jours au public[1].

Les percepteurs des contributions directes peuvent prêter leur concours pour la réception des versements effectués aux Caisses d'épargne privées, lorsque leur intervention a été approuvée par le Ministre des finances (Décret du 23 août 1875).

Toutefois ces agents, agissant comme délégués des Caisses d'épargne privées, ne peuvent recevoir de premiers versements que des personnes majeures et des mineurs assistés de leur représentant légal[2]; il leur est interdit d'accepter les dépôts proposés, en vue de l'obtention d'un livret, par des personnes qui versent pour un tiers, des bienfaiteurs qui désirent rester inconnus et des sociétés : ces dépôts doivent être faits au siège même de la Caisse d'épargne privée.

Les opérations effectuées par l'intermédiaire des percepteurs ont lieu à la résidence du comptable tous les jours non fériés autres que ceux fixés par les règlements pour les tournées de recouvrements et de mutations ou pour les versements à la recette des finances.

1. La Caisse d'épargne et de prévoyance, à Paris, 9, rue Coq-Héron, est ouverte tous les jours : en semaine, de neuf heures du matin à quatre heures du soir; le dimanche, de neuf heures du matin à une heure du soir. Ses succursales établies à Paris fonctionnent dans toutes les mairies, excepté aux Ier et IIe arrondissements; elles sont ouvertes le dimanche et le lundi de neuf heures à midi; ses succursales dans la banlieue sont ouvertes aux mêmes heures, mais le dimanche seulement.

2. Père, mère ou tuteur.

2° *Quotité des premiers versements.*

8. — Le montant d'un premier dépôt ne peut être inférieur à 1 franc, à moins qu'il ne provienne du transfert d'un livret d'épargne.

Néanmoins les déposants à la Caisse nationale d'épargne peuvent se constituer des économies d'une somme moindre au moyen de bulletins destinés à recevoir des timbres-poste de 5 ou de 10 centimes jusqu'à concurrence de 1 franc.

La quotité et le mode de ces versements sont indiqués au chapitre *Caisses d'épargne scolaires.*

Au-dessus de 1 franc, les versements peuvent comprendre des centimes (Décret du 23 juillet 1889) ; toutefois cette disposition n'est applicable aux fonds versés aux Caisses d'épargne privées qu'autant que la somme provient d'un transfert (Voir le chapitre *Transferts*).

Le montant d'un premier versement ne peut excéder le chiffre de 2000 francs, qui est le maximum autorisé par la loi du 9 avril 1881 (Voir le chapitre *Comptes dépassant le maximum légal*).

Cependant certaines associations peuvent élever leurs dépôts jusqu'à 8000 francs, soit de plein droit, comme les sociétés de secours mutuels, soit en vertu d'une autorisation ministérielle. On en trouvera l'énumération au chapitre *Sociétés, communes, etc.*

9. — Le déposant qui verse pour la première fois n'a pas la faculté de demander en même temps que ses fonds soient convertis en rentes sur l'État : cette opération ne peut avoir lieu qu'après l'ouverture du livret.

3° *Demandes de livret.*

10. — Toute personne qui fait un premier versement, soit à la Caisse nationale d'épargne, soit à une Caisse d'épargne privée, doit déclarer ses nom, prénoms et âge, le lieu et la date de sa naissance, sa demeure et sa profession, ainsi que sa capacité civile : majeur, femme mariée, mineur, etc.

La Caisse nationale d'épargne et quelques Caisses d'épargne privées invitent le déposant à faire connaître, en outre, sa nationalité.

Aucune pièce justificative des déclarations fournies par la partie versante n'est réclamée par la Caisse nationale d'épargne. Il n'en est pas de même des Caisses d'épargne privées qui, généralement, se font représenter : 1° par le mineur âgé de moins de seize ans et qui verse pour son propre compte, un extrait de son acte de naissance sur papier libre; 2° par le tuteur datif qui verse pour son pupille, un extrait de la délibération du conseil de famille constatant qu'il a été nommé à ces fonctions; 3° par le tuteur qui verse pour le compte d'un interdit, une copie ou un extrait du jugement d'interdiction, ou une copie ou un extrait de la délibération du conseil de famille qui lui a confié la tutelle; 4° par l'administrateur provisoire qui verse au nom d'un aliéné non interdit et non interné dans un établissement public, une copie ou un extrait du jugement portant sa nomination en cette qualité.

11. — Le déposant qui verse pour la première fois, soit pour son propre compte, soit au nom d'un tiers, énonce les conditions qui doivent régir les retraits de fonds.

Ces conditions peuvent varier suivant la capacité civile et la qualité du titulaire; on en trouvera les termes aux chapitres ouverts aux différentes catégories de déposants : *Majeurs*, *Mineurs*, *Femmes*, *Aliénés*, *Militaires*, *Cantonniers*, *Agents et ouvriers de la Guerre*, *Interdits*, *Aveugles*, *Sourds-Muets*, *Jeunes détenus*, etc.

12. — A moins que le dépôt ne soit effectué entre les mains d'un percepteur, cas auquel la partie versante est tenue de remplir une demande de livret (modèle C)[1], les divers renseignements dont il est parlé ci-dessus peuvent être produits verbalement aux Caisses d'épargne privées; ils sont consignés par l'agent qui les reçoit sur un registre dit *registre matricule* où est recueillie la signature du déposant lorsque celui-ci n'est pas illettré et qu'il verse pour son propre compte.

13. — Les mêmes renseignements doivent être portés sur une formule dite *demande de livret* (modèle A ou B), établie en double expédition, lorsque le versement est effectué à la Caisse nationale d'épargne.

Cette formule est remplie par le receveur des postes toutes les fois que la partie versante le désire, qu'elle sache ou non écrire.

Si l'intéressé sait signer, il appose sa signature au bas des deux expéditions de la demande du livret.

Autant que possible, ces documents doivent être écrits de la même main, afin que les indications qui y sont consignées ne puissent être contestées ultérieurement. Ils ne doivent, pour la même raison, présenter ni rature, ni surchage.

14. — Il est essentiel que les renseignements concernant l'état civil soient reproduits sur le registre matricule ou sur la demande de livret tels qu'ils figurent sur les registres de la mairie. En cas de décla-

1. Toutes les formules visées au cours de cet ouvrage et dont nous avons reproduit les principales dispositions aux appendices sont fournies gratuitement par les Caisses d'épargne nationale et privées.

ration inexacte, l'intéressé pourrait être astreint, lors du retrait des fonds, à produire certaines justifications : acte de naissance, certificat d'identité, acte de notoriété ou tout autre acte authentique suffisant pour dégager la responsabilité de la Caisse d'épargne.

15. — Le déposant a le plus grand intérêt à ce que la signature qu'il appose, soit sur le registre matricule, soit sur la demande de livret, puisse être plus tard exactement reproduite par lui, cette signature étant toujours rapprochée, à chaque retrait de fonds, de celle donnée sur la demande de remboursement.

En cas de non-conformité, le payement peut être soumis à l'accomplissement de certaines formalités entraînant une perte de temps et quelquefois une certaine dépense.

16. — La Caisse nationale d'épargne ne serait pas fondée à refuser un premier versement proposé par un déposant qui ne voudrait pas fournir une ou plusieurs indications relatives à son état civil, puisque la loi dit qu'un compte est ouvert à toute personne par laquelle ou au *nom* de laquelle des fonds sont versés; mais il est préférable de ne pas user de cette faculté, lorsqu'on peut y renoncer, car elle donne lieu fréquemment à des difficultés pour le retrait des fonds.

17. — La personne qui effectue un premier dépôt doit faire connaître si elle verse pour son propre compte ou pour le compte d'un tiers et, dans ce dernier cas, déclarer en quelle qualité elle agit : administrateur légal[1], tuteur, curateur, conseil judiciaire, administrateur provisoire, mandataire, donateur[2].

Cette formalité a une importance très grande au point de vue du retrait des fonds, et nous engageons vivement les clients des Caisses d'épargne à s'y conformer.

18. — Quand il s'agit d'un premier dépôt pour le compte d'un tiers, autre qu'un mineur, un aliéné ou un interdit, la partie versante doit, autant que possible, produire une autorisation de la personne pour laquelle elle se présente (modèle D).

Cette autorisation a principalement pour objet de fournir un spéci-

1. Le père, durant le mariage, gère les biens de ses enfants en qualité d'administrateur légal; après le décès de la mère, il les gère en qualité de tuteur légal. La mère gère les biens de ses enfants mineurs en qualité de tutrice légale, après le décès du père. (Voir le chapitre *Tutelle*.)

2. Le donateur a la faculté de garder l'anonyme. Le donateur *ascendant* a intérêt à déclarer qu'il agit en cette qualité, l'article 747 du Code civil lui conférant le droit de succéder, à l'exclusion de tous les autres, aux choses par lui données à ses enfants ou à leurs descendants décédés sans postérité.

men de la signature du titulaire destiné à constater ultérieurement l'authenticité des signatures portées sur les demandes de remboursement.

19. — Il arrive assez fréquemment que les déposants donnent verbalement pouvoir à un tiers de remplir les formalités inhérentes au premier versement, c'est-à-dire de faire connaître leur état civil, de déclarer les conditions qui devront régir le remboursement des fonds et de signer la demande de livret ou sur le registre matricule.

Cette manière de procéder présente de nombreux inconvénients, dont le moindre est d'obliger le titulaire, lorsqu'il veut retirer ses dépôts, à faire légaliser sa signature, parce qu'elle n'est pas connue.

Il est, dès lors, préférable que le déposant qui ne peut ou ne veut se déplacer pour effectuer son premier versement donne à la personne qui le supplée l'autorisation par écrit de verser à sa place (modèle D).

20. — Tout déposant qui verse pour la première fois doit signer une déclaration énonçant qu'il n'est titulaire d'aucun livret, soit de la Caisse nationale d'épargne, soit d'une Caisse d'épargne privée.

Cette déclaration fait partie intégrante de la demande de livret qu'établissent les clients de la Caisse nationale d'épargne ou leurs mandataires; elle est signée sur le registre matricule par les déposants aux Caisses d'épargne privées. Elle a pour but d'éviter la transgression des articles 6 et 21 de la loi du 9 avril 1881 et de l'article 5 de la loi du 22 juin 1845 prohibant la multiplicité des livrets au nom d'un même titulaire[1].

21. — Pour échapper à cette interdiction, certaines personnes pourraient être tentées de se faire délivrer un ou plusieurs livrets sous des noms d'emprunt ou supposés.

Nous ne saurions trop recommander aux déposants de renoncer à cette pratique illicite. Il est à remarquer, en effet, que les Caisses d'épargne sont tenues de ne rembourser le montant d'un livret qu'à la personne qui a droit au nom inscrit sur ce titre et qui peut produire, d'ailleurs, des pièces justificatives d'identité répondant aux qualifications de la demande de livret ou du registre matricule. Si l'intéressé n'est pas en mesure de fournir ces pièces, — et il ne l'est jamais lorsque le livret a été pris sous un nom d'emprunt ou supposé — les fonds ne peuvent lui être remboursés qu'en vertu d'un jugement.

22. — Il est des déposants qui, pour éluder la disposition de la loi limitant le maximum de chaque compte d'épargne à 2000 francs,

1. L'interdiction de posséder plusieurs livrets comporte cependant certaines exceptions qui sont indiquées au chapitre *Pénalités applicables aux titulaires de plusieurs livrets.*

versent sous le nom de tiers, au moyen de procurations complaisamment données par lesdits tiers. Nous croyons devoir les prévenir que le remboursement des fonds ainsi placés leur serait refusé, au cas où la procuration viendrait à être révoquée par le mandant. Il en serait de même après le décès de celui-ci : les sommes versées sous son nom seraient acquises à ses héritiers.

23. — Lorsqu'un premier versement est opéré en vertu de dispositions testamentaires, la partie versante doit produire un extrait du testament, certifié par le notaire détenteur de la minute, ou un certificat établi par cet officier ministériel.

Les dépôts de cette provenance peuvent donner lieu à l'établissement de livrets immatriculés, pour la nue propriété, au nom d'une ou plusieurs personnes, et, pour l'usufruit, au nom d'une autre personne.

La demande de livret ou le registre matricule reçoit, dans ce cas, les mentions suivantes : *Fonds légués par testament, suivant certificat de Me* (nom), *notaire à* (siège de l'étude). — *Capital indisponible jusqu'au décès de M.* (nom, prénoms et date de naissance du l'usufruitier).

24. — Sauf en ce qui concerne les dépôts effectués en vertu de dispositions testamentaires, aucune demande de livret collectif n'est admise qu'en faveur des sociétés régulièrement constituées. (Voir le chapitre *Sociétés, communes, établissements publics, hospices, etc.*)

25. — Les versements pseudonymes sont interdits. Sont également interdits les versements anonymes, à moins qu'il ne s'agisse d'un dépôt effectué à titre de libéralité, auquel cas le bienfaiteur a la faculté de ne pas se faire connaître.

26. — Tout premier dépôt est constaté soit par l'ouverture d'un livret remis séance tenante à la partie versante, soit par un récépissé[1] ou bulletin de dépôt, en échange duquel le titre est délivré ultérieurement à l'intéressé.

Au moment de la remise du livret ou du récépissé, le déposant doit s'assurer de la régularité des inscriptions portées sur ces documents tant en lettres qu'en chiffres.

4° *Délivrance des livrets.*

27. — Les livrets ouverts par la Caisse nationale d'épargne à la suite d'un premier versement sont remis aux déposants dans un délai de

1. Ce récépissé doit être extrait d'un registre à souche par les percepteurs et les receveurs des postes.

trois jours (non compris le jour du versement et les dimanches) contre la restitution du récépissé, revêtu d'un accusé de réception daté et signé par le porteur, qui peut être une personne autre que le titulaire. Ces livrets sont distribués à domicile et sans frais par l'intermédiaire des facteurs des postes, mais seulement lorsque les titulaires en ont exprimé le désir au moment du dépôt des fonds.

Les personnes en résidence ou de passage à Paris peuvent obtenir un livret de la Caisse nationale d'épargne dans un délai de trente minutes environ, en effectuant leur premier versement au bureau de poste établi, 6, rue Saint-Romain.

La Caisse nationale d'épargne ne délivre pas de duplicata du récépissé qui est remis aux déposants lors du premier versement et qui constitue leur titre provisoire.

Toutefois, les établissements publics peuvent réclamer, pour chaque versement, en dehors du récépissé réglementaire, une quittance spéciale, souscrite par le receveur des postes et appuyée du timbre à date du bureau, pour les besoins de leur comptabilité.

Si le déposant vient à perdre son récépissé, il doit établir et adresser au directeur des postes du département une déclaration de perte légalisée par le maire ou certifiée par le commissaire de police de sa résidence (modèle E).

Lorsque le livret lui est remis, il en donne décharge au bas de la déclaration de perte.

28. — Les livrets ouverts par les Caisses d'épargne privées sont généralement remis aux déposants au cours de la séance pendant laquelle a lieu le premier versement.

Lorsque le livret n'est pas délivré séance tenante, sa remise s'opère contre la restitution du bulletin de dépôt dans un délai qui varie de deux à huit jours[1].

Quand le premier versement est effectué par l'intermédiaire d'un percepteur, le livret peut n'être remis au titulaire que dans un délai de dix jours, à partir de la première séance de la Caisse d'épargne privée.

Cette remise a lieu en échange du récépissé, revêtu, au verso, d'un reçu du déposant.

En cas de perte du récépissé, le percepteur n'en délivre pas de duplicata; le déposant y supplée par une déclaration de perte qui doit être soumise au receveur des finances. La délivrance du livret n'a lieu qu'avec une autorisation de ce fonctionnaire.

29. — Le livret est toujours *nominatif*; il est le titre du déposant.

1. Le délai n'est généralement que de deux ou trois jours dans les Caisses d'épargne privées qui ont plusieurs séances par semaine.

30. — Tout livret émis par une Caisse d'épargne privée est pourvu d'un numéro d'ordre, lequel est parfois précédé ou suivi d'un numéro ou d'une lettre de série.

31. — Les livrets de la Caisse nationale d'épargne comprennent quatre séries correspondant : 1° aux départements; 2° aux succursales de la métropole et de l'Algérie; 3° aux succursales navales; 4° aux succursales étrangères.

Les livrets portent tous un double numéro : 1° le numéro de la série; 2° le numéro du livret dans la série.

Les séries départementales sont désignées par les numéros 0 à 93; les séries des succursales navales, par le numéros 101 à 105; les séries des succursales étrangères, par les numéros 111 à 116; les séries des succursales de la métropole et de l'Algérie, par les numéros 201 à 293.

Les livrets des séries départementales sont revêtus d'une couverture gris-bleuté; les livrets des succursales étrangères, d'une couverture jaune; les livrets des succursales de la métropole, de l'Algérie et de la Tunisie, d'une couverture verte, et les livrets des succursales navales, d'une couverture simili-parchemin.

32. — Le titulaire ne doit apporter aucun changement aux inscriptions de son livret, soit par grattage, surcharge, suppression de feuillets ou autre procédé.

Toute altération ou falsification qui aurait pour but de majorer l'avoir du compte exposerait son auteur à une action judiciaire.

33. — Il est de la plus grande importance pour le déposant de ne jamais porter sur son livret aucun renseignement de nature à établir son identité (âge, date et lieu de naissance, profession, domicile), d'y insérer des papiers à son nom et surtout d'y faire figurer sa signature, pour prévenir les tentatives d'abus ou de fraude qui pourraient être la suite de la perte ou de la soustraction de son titre.

34. — Les titulaires doivent éviter de laisser leur livret en dépôt soit dans les bureaux de poste, soit aux Caisses d'épargne privées; ils ont intérêt à ne s'en dessaisir qu'en échange d'un bulletin de dépôt, dans tous les cas où il ne doit pas leur être restitué séance tenante.

Il est utile de faire remarquer, à ce propos, qu'il est interdit aux agents de l'Administration des postes et des Caisses d'épargne privées de se rendre porteurs de livrets appartenant à des tiers et même de recevoir la procuration de ceux-ci pour faire en leur nom des opérations d'épargne.

35. — Les livrets émis par les Caisses d'épargne sont au nombre des valeurs mobilières susceptibles d'être reçues par la Caisse des dépôts et consignations.

CHAPITRE III

VERSEMENTS ULTÉRIEURS

36. — Les dépôts de fonds postérieurs au premier versement sont reçus sur la présentation du livret[1], sans qu'il y ait à fournir d'autre justification, à la condition que la somme versée n'élève pas l'avoir disponible au-dessus de 2 000 francs, s'il s'agit d'un déposant ordinaire, et de 8 000 francs, s'il s'agit d'une société autorisée à verser jusqu'à concurrence de cette somme[2].

Il n'est pas nécessaire que le porteur du livret en soit le titulaire, ni qu'il produise une procuration ou une autorisation de ce dernier.

37. — Aucun versement ultérieur n'est accepté, même s'il est accompagné d'une demande d'achat de rente, lorsqu'il doit avoir pour résultat d'élever l'avoir du compte d'épargne au-dessus du maximum légal.

38. — Lorsqu'un compte a atteint le maximum légal et qu'un achat de rente a été demandé sur ce compte, le déposant ne peut effectuer de nouveaux versements qu'autant que l'achat de rente a été exécuté et que l'opération a été inscrite sur son livret.

39. — Parfois les déposants collent sur leurs livrets des timbres-poste à titre de versements ultérieurs.

Ces figurines n'ont aucune valeur pour les Caisses d'épargne nationale et privées, lorsqu'elles ne sont pas employées selon le mode indiqué au chapitre *Caisses d'épargne scolaires*.

40. — La condition mise au remboursement des fonds lors du premier dépôt s'applique à tous les versements successifs.

1. Toutefois certains versements ultérieurs peuvent être effectués dans les bureaux de poste sans présentation du livret (Voir le chapitre *Succursales navales*).

2. Voir le chapitre *Sociétés, établissements publics, communes, hospices, etc.*

Par suite, lorsqu'un déposant est titulaire d'un livret conditionnel, il doit éviter d'y verser les fonds dont il désire conserver la libre disposition.

Dans ce cas, si le livret a été émis par une Caisse d'épargne privée, il fait inscrire les fonds versés sans condition dans la colonne des sommes disponibles.

Si, au contraire, le livret conditionnel a été émis par la Caisse nationale d'épargne, il demande l'ouverture d'un second livret sans condition de remboursement.

41. — Certaines personnes effectuent des versements sur des livrets ayant appartenu à des titulaires décédés.

L'inconvénient de cette pratique est d'obliger les intéressés, lorsqu'ils veulent retirer les fonds ainsi versés, d'établir leur droit de propriété sur ces fonds.

42. — Le déposant qui retrouve son livret après l'avoir déclaré perdu et après avoir été mis en possession d'un nouveau livret doit s'abstenir de faire des versements sur le titre primitif; ce titre doit être rendu à la Caisse d'épargne d'origine.

Cette recommandation s'adresse plus spécialement aux titulaires de livrets de la Caisse nationale d'épargne.

43. — Les versements ultérieurs effectués sur les livrets de la Caisse nationale d'épargne, autres que ceux émis par les succursales navales, sont constatés sur ces livrets au moyen de figurines dites *timbres-épargne à souche*, représentant par des nombres en lettres le montant en francs de la somme déposée.

Le montant du versement est inscrit en chiffres en regard du timbre-épargne, et en toutes lettres au-dessous de la figurine.

Lorsqu'il y a désaccord entre la somme manuscrite en chiffres ou en lettres et la somme représentée par le timbre-épargne, c'est ce dernier qui fait foi.

Il est dès lors de l'intérêt du déposant de s'assurer que le timbre-épargne exprime bien la valeur du versement effectué.

44. — Les versements ultérieurs effectués à la Caisse nationale d'épargne peuvent comprendre des centimes; le cas échéant, le montant de ceux-ci est exprimé à la main dans un cadre ménagé à cet effet à l'angle droit supérieur du timbre-épargne.

45. — Les déposants à la Caisse nationale d'épargne ont la faculté d'effectuer des versements dans n'importe quel bureau de poste de France, d'Algérie, de Tunisie ou de la principauté de Monaco. Les titulaires en résidence à l'étranger ou dans les colonies françaises peuvent continuer, sans frais, leurs versements, à la condition de laisser leur livret en dépôt à la direction centrale de ladite Caisse, si le livret

appartient à une série départementale, et à la direction de la succursale, si le livret a été ouvert par une succursale de la métropole ou de l'Algérie (§ 31).

Les dépôts sont effectués au moyen de mandats-poste.

Cette disposition intéresse particulièrement les militaires de l'armée de terre et les employés civils en résidence dans les colonies françaises.

46. — Tout titulaire d'un livret émis par une Caisse d'épargne privée peut continuer ses versements soit au siège de cet établissement, soit dans les succursales qui en dépendent, soit encore par l'intermédiaire des percepteurs autorisés à prêter leur concours à ladite Caisse d'épargne privée.

Dans la plupart des Caisses d'épargne privées les livrets présentés pour une opération de versement ultérieur sont rendus séance tenante aux intéressés.

Un bulletin de dépôt est remis au titulaire lorsque son livret est retenu.

Tout versement ultérieur effectué à une Caisse d'épargne privée doit être d'une somme ronde en francs, sans centimes.

Les versements ultérieurs sont inscrits en toutes lettres et en chiffres sur les livrets des Caisses d'épargne privées; chaque inscription est datée et signée par le caissier et contresignée par l'administrateur de service.

Lorsqu'un versement ultérieur est effectué par l'intermédiaire d'un percepteur, le déposant doit remettre son livret à cet agent des finances, l'inscription de la somme déposée devant être faite par le caissier de la Caisse d'épargne privée. Il lui est délivré, en échange, une quittance, extraite d'un livre à souche, énonçant, avec le numéro du livret, le montant du dépôt, et contenant l'avis que le livret sera rendu dans un délai de dix jours à partir de la première séance de la Caisse d'épargne privée.

Avant d'accepter la quittance à souche, le déposant doit vérifier si elle est régulière; il la revêt, au verso, d'un accusé de réception daté et signé quand le livret lui est remis.

De même que les déposants à la Caisse nationale d'épargne, les déposants aux Caisses d'épargne privées doivent s'assurer, dans leur propre intérêt, de l'exactitude des inscriptions de versements ultérieurs portées sur leurs livrets.

CHAPITRE IV

REMBOURSEMENTS

Notions générales.

47. — Le remboursement d'un livret d'épargne ne peut être fait qu'au titulaire ou à quelqu'un ayant pouvoir de lui ou qui soit autorisé par la justice ou par la loi à recevoir pour lui.

48. — Le tiers qui signe une demande de remboursement doit y joindre une procuration spéciale (modèle F ou G), à moins qu'il ne produise une procuration générale (Voir le chapitre *Procurations*).

49. — Les remboursements sont partiels ou intégraux.

Pour qu'un remboursement soit considéré comme partiel, il faut que la somme demandée soit inférieure de 1 franc au moins au crédit du compte en capital. On ne peut retirer la totalité de son capital pour laisser en dépôt seulement les intérêts de l'année *courante*.

Le remboursement intégral s'applique à la totalité du capital et aux intérêts acquis; il entraîne le retrait du livret, qui ne peut être rendu au titulaire.

Les déposants ont intérêt à conserver leur compte courant en laissant au moins 1 franc sur leur livret. Il est à remarquer, en effet, que le remboursement intégral ne permet pas de donner satisfaction aux titulaires dans un délai aussi bref que s'il s'agit d'un remboursement partiel; d'autre part, les déposants dont le compte a été remboursé entièrement sont tenus, lorsqu'ils veulent effectuer de nouveaux versements, de remplir les mêmes formalités que s'ils n'avaient pas été titulaires d'un livret.

50. — Les agents des Caisses d'épargne doivent prendre toutes les précautions nécessaires pour ne rembourser les dépôts qu'entre les mains des véritables créanciers ou de leurs ayants cause. Ils sont tenus,

notamment, de s'assurer que les conditions qui auraient pu être imposées à la remise des fonds ont été exactement remplies, et qu'il n'existe aucun empêchement de nature à mettre obstacle au retrait de la somme réclamée.

Ils peuvent exiger la légalisation des signatures qui ne leur sont pas connues.

51. — Le payement fait à celui qui n'aurait pas pouvoir de recevoir pour le compte d'un déposant serait valable si celui-ci le ratifiait ou s'il en avait profité (Code civil, art. 1239).

52. — Aux termes de l'article 12 de la loi du 9 avril 1881, un décret peut, en cas de force majeure, et le conseil d'État entendu, autoriser les Caisses d'épargne à n'opérer le remboursement des dépôts que par acompte de 50 francs et par quinzaine.

Cette clause donne au Gouvernement la possibilité d'échelonner les remboursements dans les moments de crise.

53. — Les Caisses d'épargne sont autorisées, par l'article 14 de la loi du 9 avril 1881, à se décharger de toutes quittances et pièces et de tous livrets soldés qui ont plus de trente ans de date.

CHAPITRE V

REMBOURSEMENT DES FONDS VERSÉS A LA CAISSE NATIONALE D'ÉPARGNE

1° *Remboursements ordinaires.*

54. — Tout titulaire d'un livret de série départementale (couverture gris-bleuté) ou de succursale de la métropole, de l'Algérie ou de la Tunisie (§ 51) peut demander et obtenir le remboursement partiel ou total de ses dépôts dans tous les bureaux de poste de France, d'Algérie, de Tunisie et de la principauté de Monaco.

Cette faculté intéresse particulièrement les personnes que leurs occupations obligent à se déplacer fréquemment.

55. — Le déposant titulaire d'un livret de la Caisse nationale d'épargne qui veut retirer soit l'intégralité, soit une portion quelconque de son compte d'épargne, souscrit une demande de remboursement.

Les demandes de remboursement sont rédigées sur des formules imprimées mises gratuitement à la disposition du public dans tous les bureaux de poste (modèle II et I)[1].

La première partie seulement de ces formules est remplie par le déposant, qui doit avoir soin, notamment, d'y inscrire en toutes lettres, sans rature ni surcharge, le montant de la somme réclamée, s'il s'agit d'un remboursement partiel.

Toute demande de remboursement doit être signée par le titulaire du livret s'il est majeur et maître de ses droits[2].

1. Ces formules portent les numéros d'ordre 13 et 14.

2. Pour les femmes, les mineurs, les aliénés, les interdits, les cantonniers, les militaires, les marins, les sociétés, les sourds-muets, les aveugles, les jeunes détenus, voir les chapitres ouverts à ces catégories de déposants.

56. — Lorsque le titulaire n'a pas signé la demande de livret au moment du premier dépôt des fonds, il doit faire certifier sa signature sur la demande de remboursement par le maire ou le commissaire de police de sa résidence. Si le remboursement est partiel, le déposant peut éviter de remplir la même formalité pour les retraits de fonds successifs, en fournissant un spécimen légalisé de sa signature sur une formule spéciale, qui est délivrée gratuitement.

57. — Quand le titulaire du livret ne sait ou ne peut signer et que son identité est constante, la demande de remboursement peut être certifiée par le receveur des postes qui y inscrit cette mention : *Le receveur, soussigné, déclare que M.* (nom et prénoms) *ne sait* (ou ne peut) *signer*.

Si le montant du remboursement demandé par l'illettré ne dépasse pas 150 francs, la quittance est signée ultérieurement par deux témoins; elle est libellée de la manière suivante : *Les soussignés* (noms, prénoms, professions et demeures) *déclarent que la somme de* (en toutes lettres) *a été payée en leur présence à M.* (nom et prénoms du bénéficiaire), *lequel ne sait* (ou ne peut) *signer*[1].

Si la somme demandée est supérieure à 150 francs, le remboursement n'est effectué qu'entre les mains d'un fondé de pouvoir sachant signer et muni d'une procuration passée devant un notaire ou, sans frais, devant le maire de la résidence du déposant, sur une formule spéciale (modèle G).

58. — Le titulaire qui, après avoir signé une demande de remboursement, ne peut se présenter lui-même pour donner quittance a la faculté de se faire suppléer par un mandataire au moyen d'une procuration (Voir le chapitre *Procurations*).

59. — Les demandes de remboursement doivent être adressées savoir : 1° au directeur général des Postes et Télégraphes (direction de la Caisse nationale d'épargne) lorsqu'il s'agit d'un livret de série départementale (couverture gris-bleuté); 2° au directeur de la succursale, lorsqu'il s'agit d'un autre livret (§ 31), à l'exception de ceux émis par les succursales navales qui sont soumis à un régime spécial (Voir le chapitre *Succursales navales*).

Lorsqu'une demande de remboursement intégral est adressée au directeur d'une succursale, le livret doit y être joint. Cette formalité

1. Les payements faits à des illettrés assistés de témoins ne sont libératoires qu'autant que la partie prenante a reçu les deniers en présence des témoins et que ceux-ci ont signé avec le payeur la déclaration faite par eux que le bénéficiaire ne sait pas signer (Arrêt de la Cour des comptes du 20 février 1892).

est facultative pour les demandes de même nature qui sont adressées à la direction de la Caisse nationale d'épargne; toutefois, il est préférable de s'y conformer, l'absence du titre pouvant, dans certains cas, retarder la délivrance de l'autorisation de remboursement.

60. — Les déposants à la Caisse nationale d'épargne, en résidence dans les colonies françaises ou dans un pays étranger avec lequel la France échange des mandats-poste, peuvent obtenir des remboursements, à la condition de laisser leur livret en dépôt à la direction de la Caisse, à Paris, si le livret appartient à une série départementale (couverture gris-bleuté), et à la direction de la succursale, si le livret a été ouvert par une succursale de la métropole, de l'Algérie ou de la Tunisie (§ 31). Les remboursements sont effectués au moyen de mandats-poste, dont les frais sont prélevés sur le compte du bénéficiaire.

61. — Les remboursements doivent être autorisés dans un délai maximum de huit jours pour la France continentale. Telle est la loi; mais, dans la pratique, ce délai n'excède pas trois jours, à moins que les fonds n'aient été versés récemment.

Les déposants titulaires d'un livret de série départementale (couverture gris-bleuté), en résidence ou de passage à Paris, peuvent obtenir le remboursement partiel ou total de leur compte dans le délai d'une heure environ, en s'adressant au siège de la Caisse nationale d'épargne, 6, rue Saint-Romain (Voir ci-après *Remboursements à vue*).

Quant aux déposants titulaires d'un livret ouvert par une succursale de la métropole, de l'Algérie ou de la Tunisie, ils peuvent obtenir, au siège même de la succursale, dans un délai qui ne dépasse pas quelques heures, le retrait partiel ou intégral de leur compte courant. Dans certaines succursales où il a été possible d'organiser un service de remboursements à vue, les payements sont effectués presque séance tenante.

Pour satisfaire à des demandes pressantes et en vue de faire bénéficier quelques départements éloignés de Paris des facilités de remboursements que les succursales offrent au public, la Caisse nationale d'épargne a rattaché ces départements aux succursales voisines. Les déposants en résidence dans un département rattaché jouissent des mêmes avantages que les déposants en résidence dans le département où est le siège de la succursale.

62. — Les autorisations de remboursement sont remises, sans frais, aux bénéficiaires, à leur domicile ou poste-restante, à leur choix; elles sont valables pendant trente jours. Après ce délai, elles sont considérées comme nulles, et les demandes doivent être renouvelées.

63. — Tout bénéficiaire d'une autorisation de remboursement

délivrée par la Caisse nationale d'épargne doit, pour en toucher le montant, justifier de son identité au moyen de l'une des pièces suivantes : carte électorale, diplôme d'un grade universitaire, patente, contrat de mariage, permis de chasse ou port d'armes, passeport, titre de propriété, titre de valeur nominatif, titre de pension, carte d'identité photographique, livret militaire ou de famille, titre authentique ou administratif quelconque.

Les quittances de loyer et les factures acquittées, qui n'ont par elles-mêmes aucune force probante, ne sont admises qu'autant qu'elles sont appuyées d'un autre document d'identité.

A défaut de l'une des pièces susmentionnées, le déposant, s'il n'est pas connu du receveur des postes, peut être tenu d'établir son identité par l'attestation de deux témoins.

64. — Lorsque la signature apposée sur la demande de remboursement présente une différence avec celle qui a été donnée sur la demande de livret au moment du premier versement, le déposant peut être astreint à fournir un spécimen de sa signature, certifié par le maire ou le commissaire de police.

65. — Certains déposants s'étonnent des précautions dont la Caisse nationale d'épargne entoure les remboursements.

Ces précautions sont prises autant dans l'intérêt des titulaires que dans l'intérêt du Trésor; elles sont justifiées par les nombreuses tentatives d'abus auxquelles donnent lieu les livrets perdus ou soustraits, dont le nombre s'élève à plus de deux mille par an.

66. — Le bénéficiaire d'une autorisation de remboursement doit, avant de donner quittance, s'assurer que la somme inscrite sur cette autorisation est exactement celle dont il a sollicité le retrait, et qu'elle n'a été ni raturée, ni surchargée.

Le payement est mentionné en toutes lettres et en chiffres sur le livret, qui est rendu à l'intéressé séance tenante. Cette inscription est datée et signée par le receveur des postes ou son préposé. Le titulaire doit en vérifier la régularité. En cas de désaccord entre la somme constatée sur le livret et la somme indiquée à la quittance, c'est le montant exprimé dans cette dernière pièce qui fait foi.

67. — Lorsque le déposant ne veut pas profiter d'une autorisation de retrait de fonds, il doit la renvoyer, sans affranchissement, à la direction de la Caisse nationale d'épargne ou au caissier de la succursale, selon l'origine du livret, revêtue de la mention suivante datée et signée : *Je renonce au remboursement.*

Tant que les fonds ne sont pas remboursés, ils continuent à être productifs d'intérêts (Voir le chapitre *Intérêts*).

68. — Tout déposant qui a communiqué son livret à la Caisse

nationale d'épargne, soit pour être réglé en intérêts, soit pour les besoins d'une enquête, peut obtenir le remboursement de son compte, moins 1 franc.

Le remboursement a lieu sur la présentation du bulletin de dépôt qui a été délivré au titulaire en échange de son titre.

L'opération est inscrite provisoirement par l'agent payeur au recto du bulletin de dépôt et, ultérieuremnent, sur le livret, lorsqu'il est rendu au titulaire.

69. — Quand le bénéficiaire d'une autorisation de remboursement désire convertir le montant de ladite autorisation en un versement à la Caisse nationale des retraites pour la vieillesse, il n'a qu'à en faire la déclaration au receveur des postes qui doit effectuer le payement; dans ce cas, les fonds ne lui sont pas remis, bien qu'il en donne quittance et que le remboursement soit constaté sur son livret : le receveur des postes en fait recette pour le compte de la Caisse nationale des retraites et il en délivre un reçu au titulaire.

La Caisse nationale d'épargne n'agit pas comme préposée de la Caisse des retraites, mais comme mandataire de ses déposants.

Elle ne peut, en aucun cas, verser à la Caisse des retraites des sommes qu'elle n'aurait pas, au préalable, prises en charge dans les formes et sous les conditions qui règlent ses dépôts (Voir le chapitre *Caisse nationale des retraites pour la vieillesse*).

70. — Les oppositions au remboursement des sommes versées à la Caisse nationale d'épargne ne sont pas reçues par les receveurs des postes. Elles doivent être signifiées par ministère d'huissier : 1° entre les mains de l'agent comptable, 6, rue Saint-Romain, à Paris, s'il s'agit d'un livret de série départementale ou de succursale navale (§ 51) 2° entre les mains du caissier de la succursale d'origine, s'il s'agit d'un livret de succursale de la métropole, de l'Algérie ou de la Tunisie; 3° entre les mains du caissier, également, mais par l'entremise du consulat ou du vice-consulat de France, s'il s'agit d'un livret de succursale étrangère (Voir le chapitre *Oppositions*).

2° *Remboursements à vue.*

71. — Des remboursements à vue sont effectués au siège de la Caisse nationale d'épargne, 6, rue Saint-Romain, à Paris, de dix heures du matin à quatre heures du soir en semaine, et de dix heures du matin à deux heures du soir les dimanches et jours fériés.

Ce mode de remboursements a été créé pour les titulaires de livrets de séries départementales (couverture gris-bleuté), en résidence ou de passage à Paris.

72. — Les titulaires de livrets de cette nature qui désirent ne pas se déplacer peuvent obtenir, dans la même journée, le retrait partiel ou total de leur compte au bureau de poste de leur quartier en établissant leur demande de remboursement sur une carte-télégramme double (Voir ci-après *Remboursements par tubes*).

73. — Les livrets cédés à un tiers par acte authentique ou sous seing privé, les dépôts dont le retrait a été soumis à des conditions particulières et ceux qui ont été effectués depuis moins de huit jours ne sont pas remboursés à vue. Il en est de même des livrets ouverts par les succursales de la métropole, de l'Algérie, de la Tunisie et par les succursales étrangères.

74. — Le déposant qui désire obtenir à vue le retrait partiel de ses dépôts établit une demande de remboursement sur une formule numéro 13 gris-bleuté (modèle II); lorsqu'il s'agit du retrait total des fonds, cette demande est faite sur une formule numéro 14 (modèle I), de couleur chamois.

L'intéressé ne remplit que le cadre de gauche de la formule numéro 13 ou numéro 14, qu'il signe. Le cadre de droite est réservé à la Caisse nationale d'épargne, qui y décrit l'autorisation de payer; le bénéficiaire y appose seulement sa signature pour acquit au moment de la remise des fonds.

75. — La demande de remboursement doit être rédigée par le titulaire lui-même, autant que possible; si l'intéressé ne sait pas écrire, il peut charger de ce soin le gardien de bureau de service dans le hall, de préférence à toute autre personne inconnue, qui pourrait abuser de sa confiance.

La demande est remise, accompagnée du livret, à l'agent chargé de la réception des pièces de cette nature; le déposant reçoit, en échange, un ticket ou bulletin portant un numéro d'ordre, qu'il doit restituer au moment du payement.

Il importe que le bénéficiaire ne confie pas son ticket à un tiers; ce dernier pourrait, à l'appel du numéro, se présenter pour recevoir les fonds.

76. — Les déposants ne sont pas toujours servis dans l'ordre numérique rigoureux des tickets, certaines demandes étant soumises à des formalités plus longues ou à un examen plus minutieux. Les remboursements intégraux, notamment, donnent lieu à une série d'écritures qui peuvent parfois obliger le déposant à une attente d'une heure et même plus, tandis que les remboursements partiels sont autorisés dans un délai de trente minutes environ.

Aussi conseillons-nous aux déposants de laisser au moins 1 franc à leur compte d'épargne, afin d'abréger la durée de leur attente.

77. — Certains titulaires se croient tenus de séjourner dans le hall jusqu'au moment du remboursement; rien ne les y oblige. Ils peuvent s'absenter pendant trente ou soixante minutes environ, suivant qu'il s'agit d'une opération de remboursement partiel ou d'une opération de remboursement intégral, et se présenter ensuite pour recevoir les fonds.

78. — La remise des espèces n'est effectuée que contre l'acquit de l'intéressé et sur la production de l'une des pièces d'identité énumérées au § 63.

Indépendamment de cette dernière formalité, le bénéficiaire peut être appelé, dans le cas où la signature apposée tant sur la demande de remboursement que sur la quittance n'est pas conforme à celle qui a été donnée sur la demande de livret lors du premier versement, à fournir à l'agent payeur des renseignements sur le lieu et la date de sa naissance, sa profession, sa demeure, etc.

Ces renseignements sont demandés en vue de s'assurer que le payement est fait au véritable ayant droit.

79. — Le bureau de poste où fonctionne le service des remboursements à vue participe à l'émission des mandats-poste et à la vente des timbres-poste.

Par son intermédiaire, les déposants peuvent obtenir la délivrance d'un livret d'épargne dans le délai d'une heure environ; ils peuvent également, dans le même délai, obtenir l'inscription sur leur livret des intérêts acquis.

Un agent de ce bureau est spécialement chargé de recevoir les réclamations verbales et de renseigner le public.

3° *Remboursements par télégraphe.*

80. — Les déposants à la Caisse nationale d'épargne, sauf les titulaires des livrets émis par les succursales étrangères, peuvent demander et obtenir, par la voie télégraphique, des remboursements partiels sur leur compte d'épargne dans n'importe quel bureau de poste de France, d'Algérie, de Tunisie et de la principauté de Monaco; mais ces retraits ne doivent pas dépasser 300 francs pour la même journée et pour la même personne.

Dans tous les cas, même lorsque l'avoir du déposant n'excède pas 300 francs, la somme demandée doit être inférieure de 1 franc au capital du livret.

81. — Les demandes de retrait de fonds par télégraphe ne sont

pas admises lorsqu'il s'agit : 1° d'un livret cédé à un tiers par un acte authentique ou sous seing privé; 2° d'un livret stipulant des conditions particulières de remboursement; 3° d'un livret dont le titulaire est représenté par un fondé de pouvoirs.

Toutefois, cette dernière disposition n'est pas applicable aux livrets ouverts aux sociétés.

Les fonds versés depuis moins de quinze jours ne sont pas remboursés par la voie télégraphique.

82. — La taxe du télégramme-demande et du télégramme-réponse portant autorisation de remboursement est à la charge du déposant, qui doit l'acquitter au moment où il dépose sa demande de retrait de fonds.

Le coût du double télégramme varie de 1 franc à 1 fr. 50 pour la France continentale, et de 2 francs à 2 fr. 50 pour l'Algérie.

83. — Les déposants ont la faculté de demander par télégraphe une somme supérieure à 300 francs; dans ce cas, l'autorisation de remboursement est transmise, non par télégraphe, mais par la voie postale; les intéressés reçoivent, par suite, moins rapidement satisfaction.

84. — Le déposant qui fait une demande de remboursement par télégraphe doit en même temps justifier de son identité par la production de l'une des pièces suivantes : carte électorale, diplôme d'un grade universitaire, patente, contrat de mariage, permis de chasse ou port d'armes, passeport, titre de valeur nominatif, titre de pension, livret de famille, carte d'identité photographique, titre authentique ou administratif quelconque.

A défaut de l'une de ces pièces, le déposant, s'il n'est pas connu du receveur des postes, est tenu d'établir son identité par l'attestation de deux témoins.

Cette formalité est nécessitée par la raison que la signature fournie sur la demande de remboursement par l'intéressé ne peut être confrontée avec celle qui figure sur la demande de livret, ce document n'étant pas entre les mains du receveur des postes.

85. — Les demandes de remboursement par télégraphe formées sur les livrets de séries départementales (couverture gris-bleuté) sont servies de dix heures du matin à quatre heures du soir en semaine, et de dix heures du matin à midi les dimanches et jours fériés.

Les demandes de même nature portant sur des livrets de succursales de la métropole, de l'Algérie et de la Tunisie (couverture verte) sont servies dans les mêmes conditions, sauf le dimanche et les jours fériés.

86. — Lorsque l'autorisation d'un remboursement demandé par télégraphe est parvenue au receveur des postes, celui-ci en informe le

bénéficiaire, qui donne décharge de la somme reçue sur la seconde partie de la demande de remboursement.

L'opération est mentionnée sur le livret du déposant en toutes lettres et en chiffres.

87. — Les autorisations de remboursement sont valables pendant trente jours; après ce délai, elles sont considérées comme nulles et la demande doit être renouvelée.

Le montant de la taxe du télégramme-demande et du télégramme-réponse n'est pas remboursé au déposant en cas de péremption de l'autorisation de remboursement; il reste acquis à l'administration des postes et des télégraphes.

4° *Remboursements par tubes.*

88. — Les déposants à la Caisse nationale d'épargne, titulaires de livrets de séries départementales (couverture gris-bleuté), peuvent demander et obtenir, à Paris, par la voie des tubes pneumatiques, le remboursement partiel ou total de leur compte d'épargne, lorsque le dépôt en a été effectué depuis au moins huit jours.

89. — Les demandes de remboursement par tubes ne sont pas admises lorsqu'il s'agit d'un livret de succursale, d'un livret cédé à un tiers par un acte authentique ou sous seing privé ou d'un livret soumis à des conditions particulières pour le retrait des fonds.

90. — Toute demande de remboursement par la voie des tubes doit être établie sur une carte-télégramme double dont le déposant acquitte la taxe, qui est de 60 centimes.

91. — Il est donné suite aux demandes de remboursement de l'espèce le jour même de leur dépôt, lorsqu'elles parviennent au siège de la Caisse nationale d'épargne avant quatre heures du soir en semaine, et avant midi les dimanches et jours fériés.

On trouvera, à l'appendice II, un tableau indiquant la dernière limite d'heure à laquelle peuvent être déposées, dans les bureaux de poste de Paris, en semaine, les demandes de remboursement par tubes.

92. — Les demandes de cette nature doivent être soumises, avant expédition, à l'examen du receveur du bureau de poste.

Le cadre de gauche de la carte-télégramme est seulement rempli par le déposant; le cadre de droite, sur lequel le bénéficiaire est ultérieurement appelé à donner quittance, est réservé à la direction de la Caisse nationale d'épargne.

L'autorisation de remboursement n'est pas adressée au déposant, mais au receveur du bureau de poste, qui, dès la réception de cette pièce, en avise l'intéressé.

93. — Au moment du payement, le bénéficiaire doit justifier de son identité au moyen de l'une des pièces indiquées au § 63.

Il doit s'assurer, de son côté, que la somme dont il a sollicité le retrait est exactement reproduite sur la quittance et sur son livret.

5° *Remboursements par mandats-poste.*

94. — Tout déposant à la Caisse nationale d'épargne, à l'exception des titulaires de livrets de séries étrangères (§ 31), peut demander qu'une somme soit distraite de son compte d'épargne pour être convertie en un mandat-poste à émettre à son profit ou au profit d'une autre personne résidant en France, en Algérie, en Tunisie, dans la principauté de Monaco ou dans l'un des pays avec lesquels la France échange des mandats-poste.

95. — La demande de remboursement par mandat-poste est établie sur une formule spéciale (modèle J), que le déposant adresse à la direction de la Caisse nationale d'épargne, s'il s'agit d'un livret de série départementale (couverture gris-bleuté) et au caissier de la succursale, s'il s'agit d'un livret émis par une succursale de la métropole, de l'Algérie ou de la Tunisie (couverture verte).

Au moment où il dépose une demande de remboursement de l'espèce entre les mains du receveur des postes, le déposant doit justifier de son identité au moyen de l'une des pièces indiquées au § 63.

96. — Les frais du mandat-poste sont prélevés sur le compte du déposant.

Le montant de la somme remboursée est inscrit sur le livret qui est rendu au titulaire avec le talon du mandat-poste.

Par la remise du talon du mandat-poste, la Caisse nationale d'épargne est déchargée de toute responsabilité, en ce qui concerne l'émission, la transmission et le payement du mandat-poste délivré par son intermédiaire.

97. — Les déposants à la Caisse nationale d'épargne en résidence dans les colonies françaises ou dans un pays étranger avec lequel la France échange des mandats-poste peuvent obtenir des remboursements, soit à leur profit, soit au profit d'une autre personne, à la condition de laisser leur livret en dépôt à la direction de la Caisse, à Paris, si le livret appartient à une série départementale (couverture gris-bleuté), et à la direction de la succursale, si le livret a été ouvert par une suc-

cursale de la métropole, de l'Algérie ou de la Tunisie (couverture verte).

6° *Remboursements internationaux.*

98. — Les déposants affiliés à la Caisse nationale d'épargne de France ou à la Caisse générale d'épargne et de retraite de Belgique peuvent obtenir, sans frais, par l'entremise des administrations postales des deux pays, le remboursement, dans l'un de ces pays, des sommes déposées par eux à la Caisse d'épargne de l'autre pays.

99. — Le maximum des remboursements effectués dans un bureau de poste français pour le compte de l'office belge est limité à 2000 francs; mais les déposants belges, dont les fonds d'épargne peuvent s'élever au-dessus de ce chiffre, ont la faculté, le cas échéant, de demander et d'obtenir le remboursement total de leur compte par des ordres de payement successifs, à la condition qu'aucun de ces retraits ne soit supérieur à 2 000 francs.

100. — Le titulaire d'un livret émis par la Caisse générale d'épargne et de retraite de Belgique qui désire recevoir en France, en Algérie, en Tunisie ou dans la principauté de Monaco le remboursement partiel ou intégral de son compte d'épargne, doit se présenter dans un bureau de poste pour : 1° justifier de son identité au moyen de la production de l'une des pièces indiquée au paragraphe 63; 2° déposer son livret belge, en échange d'un bulletin de dépôt détaché d'un carnet à souche; 3° établir une demande de remboursement international sur formule numéro 15 *bis*.

Le livret et la demande de remboursement sont remis au receveur des postes.

101. — A la réception de l'ordre de payement, le receveur des postes convoque le titulaire, lequel donne acquit de la somme touchée et reçoit son livret contre la restitution du bulletin de dépôt.

Le livret n'est pas rendu au titulaire lorsqu'il s'agit d'un remboursement intégral; il est retenu pour être mis à l'appui de la quittance.

102. — Quand, dans le délai d'un mois, le bénéficiaire d'une autorisation de remboursement international ne s'est pas présenté pour en toucher le montant, cette autorisation est annulée.

103. — Les formalités ci-dessus sont applicables aux remboursements demandés en Belgique par les titulaires des livrets ouverts par la Caisse nationale d'épargne de France.

CHAPITRE VI

REMBOURSEMENT DES FONDS VERSÉS AUX CAISSES D'ÉPARGNE PRIVÉES

104. — Tout déposant à une Caisse d'épargne privée peut demander et obtenir le remboursement partiel ou total de son compte au siège de cet établissement ou à l'une des succursales qui en dépendent.

Il peut également retirer ses dépôts par l'intermédiaire du percepteur de sa résidence, lorsque cet agent des finances a été autorisé à prêter son concours à la Caisse d'épargne privée d'où émane le livret.

105. — Les Caisses d'épargne privées ne sont tenues d'effectuer les remboursements que quinze jours après que la demande en a été faite; mais dans la pratique ce délai est considérablement abrégé.

Les dépôts sont généralement remboursés le dimanche suivant celui où la demande a été présentée. Quelques Caisses d'épargne privées — les plus importantes — remboursent à vue.

106. — La Caisse d'épargne et de prévoyance de Paris, dont le siège est 9, rue Coq-Héron, effectue tous les jours, en semaine, de neuf heures du matin à quatre heures du soir, et, le dimanche, de neuf heures du matin à une heure du soir, des remboursements partiels sur la seule présentation du livret par le titulaire ou son fondé de pouvoir.

En recevant un numéro d'ordre qui tient lieu de bulletin de dépôt, le déposant déclare la somme qu'il veut retirer à un employé qui prépare la quittance et la lui fait signer. Le payeur effectue le remboursement et en constate l'exactitude en signant, en présence du déposant, le livret qu'il lui rend immédiatement[1].

1. Les succursales de la Caisse d'épargne de Paris, qui fonctionnent dans toutes les mairies, sauf au Ier et au IIe arrondissements, effectuent, le

107. — Le titulaire d'un livret de Caisse d'épargne privée qui désire retirer tout ou partie de ses dépôts signe une demande de remboursement (modèle K, 1re partie), qui est préalablement remplie soit par lui-même, soit par un agent de ladite Caisse.

Cette demande doit être accompagnée du livret, en échange duquel un bulletin de dépôt est remis au titulaire, lorsque le remboursement n'est pas effectué séance tenante.

108. — L'identité du déposant est constatée, avant payement, par la confrontation de la signature apposée sur la demande de remboursement avec celle donnée sur le registre matricule lors du premier versement.

Si ce rapprochement fait ressortir une dissemblance, le déposant est tenu de fournir des renseignements sur son âge, sa naissance, sa profession, sa demeure, etc.

Lorsque ces renseignements ne concordent pas avec ceux que présente le registre matricule, le déposant peut être astreint à produire un certificat d'identité délivré par le maire, le juge de paix ou le commissaire de police de sa résidence, sur l'attestation de deux témoins.

109. — Quand l'identité du déposant est constante et que, par une raison quelconque, sa signature n'a pas été apposée sur le registre matricule, on le fait signer sur ce document en même temps qu'il donne quittance du remboursement.

Si le déposant ne sait ou ne peut écrire, la quittance est signée par deux témoins. Toutefois, lorsque la somme demandée excède 150 francs, la plupart des Caisses d'épargne privées exigent que la quittance soit donnée par un mandataire, porteur d'une procuration passée devant le maire (modèle G).

110. — Les remboursements effectués au siège des Caisses d'épargne privées sont inscrits sur les livrets en toutes lettres et en chiffres, datés et signés par le caissier et contresignés par l'administrateur de service.

111. — Lorsque le déposant ne se présente pas au jour fixé pour retirer les fonds dont il a sollicité le remboursement, sa demande est considérée comme nulle : elle doit être renouvelée.

112. — Le déposant à une Caisse d'épargne privée qui désire retirer

dimanche, de neuf heures à midi, les remboursements partiels qui ont été demandés le dimanche ou le lundi précédent. Les succursales de la même Caisse établies dans la banlieue effectuent le dimanche, de neuf heures à midi, les remboursements partiels ou intégraux qui ont été demandés le dimanche précédent.

tout ou partie de son avoir par l'intermédiaire du percepteur de sa résidence doit signer une demande de remboursement (modèle L, 1re partie) et déposer en même temps son livret aux mains de ce comptable.

En échange du livret, le percepteur lui délivre un bulletin de dépôt indiquant le délai dans lequel le remboursement sera effectué.

Le livret et la demande sont transmis à la Caisse d'épargne privée, qui autorise le remboursement, s'il y a lieu.

Le caissier met son *Vu : bon à payer* sur la demande de remboursement et inscrit en toutes lettres et en chiffres sur le livret la somme à verser par le percepteur. Ce dernier, lors de la remise des fonds, appose sa signature et le timbre *payé* sur le livret et fait quittancer par le déposant la seconde partie de la formule de remboursement (modèle L).

Le livret est ensuite rendu au déposant, qui en donne reçu au pied du bulletin de dépôt.

Lorsque dans le mois qui suit l'époque fixée pour le remboursement le déposant ne s'est pas présenté pour en toucher le montant, sa demande est considérée comme nulle. Dans ce cas, la mention relative au remboursement, portée préalablement sur le livret, est biffée par le caissier.

Le déposant doit s'assurer, quand il rentre en possession de son titre, que cette formalité a été accomplie.

113. — Toute opposition mise au remboursement des dépôts reçus par une Caisse d'épargne privée doit être signifiée par ministère d'huissier entre les mains du caissier de cet établissement. (Voir le chapitre *Oppositions*.)

114. — Les livrets soldés ne sont pas rendus aux titulaires, même lorsque le coût de ces documents a été mis à leur charge. Les déposants n'ont le droit de les conserver qu'autant que leur compte individuel est resté ouvert.

115. — Les Caisses d'épargne privées sont aptes à servir d'intermédiaires entre leurs déposants et la Caisse nationale des retraites pour la vieillesse; toutefois elles ne peuvent prêter leurs bons offices que pour verser à la Caisse des retraites les sommes dont elles ont déjà reçu le dépôt à titre d'épargne (Voir le chapitre *Caisse nationale des retraites pour la vieillesse*).

CHAPITRE VII

REMBOURSEMENTS APRÈS DÉCÈS

116. — Les sommes dues aux déposants décédés sont payées aux ayants droit par la Caisse nationale d'épargne sur la production d'un certificat de propriété ou de tout autre acte établissant suffisamment leurs qualités tel que : inventaire, partage, liquidation, etc.; mais nous conseillons aux intéressés de fournir, de préférence, un certificat de propriété : cet acte remplace, dans beaucoup de cas, un grand nombre de formalités longues et coûteuses et simplifie le remboursement des dépôts[1].

117. — Les Caisses d'épargne privées ne remboursent les fonds après décès du déposant que sur la présentation d'un certificat de propriété[1] (modèles M, N, O et P).

Ce certificat est délivré, suivant le cas, par le notaire, le juge de paix ou le maire.

Lorsque les droits des intéressés ont été établis par un jugement ou un arrêt, le certificat de propriété est délivré par le greffier du tribunal ou de la cour (Voir le chapitre *Certificats de propriété*).

118. — Les certificats de propriété que produisent les héritiers des déposants sont exempts des formalités du timbre et de l'enregistrement[2]; mais cette dispense n'exonère pas les intéressés des droits de mutation après décès, qui s'appliquent aux dépôts d'épargne comme aux autres biens.

Les certificats de propriété dont il est fait usage, ultérieurement, en justice, dans un acte authentique ou devant une autorité constituée deviennent sujets à l'enregistrement.

1. La seule pièce à produire par les ayants droit avec le certificat de propriété est un acte de décès du titulaire, mais seulement dans le cas où cet acte n'est pas visé dans le certificat de propriété.

2. Voir le chapitre *Réclamations*.

119. — Toutes les fois qu'aucun acte antérieur ou postérieur au décès du titulaire tel que : testament, contrat de mariage, partage, inventaire, donation entre-vifs, ou tout autre acte attributif ou translatif de propriété n'oblige les héritiers, donataires ou légataires, à faire constater leurs droits au moyen d'un certificat de propriété délivré par un notaire, ils ont intérêt à faire établir ce certificat par un juge de paix sur l'attestation de deux témoins : le coût en est moins élevé.

120. — Lorsque le montant d'un livret est inférieur à 50 francs, les intéressés peuvent se borner à produire un certificat du maire (modèle P), énonçant qu'ils ont seuls le droit de toucher les fonds en qualité d'héritiers. Ce certificat est délivré sans frais.

121. — Les demandes de remboursement après décès sont signées par tous les héritiers majeurs. Elles sont signées : pour les mineurs, par les représentants légaux ; pour les interdits, par les tuteurs ; pour les aliénés, par les administrateurs provisoires.

Les héritiers pourvus d'un conseil judiciaire doivent être assistés de leur conseil.

Si, parmi les ayants droit, il y a des femmes mariées, elles doivent être assistées de leur mari ou produire une autorisation de leur conjoint[1] ou de justice, à moins toutefois qu'il ne s'agisse d'un bien paraphernal. A défaut de l'autorisation du mari ou de la justice, la part revenant à la femme mariée est transportée sur un livret ouvert d'office à son nom[2] ou réservée sur le livret dont le remboursement est demandé, suivant que les dépôts ont été effectués à la Caisse nationale d'épargne ou à une Caisse d'épargne privée (Voir le chapitre *Femmes*).

122. — Le droit que la femme mariée et le mineur tiennent de l'article 6 de la loi du 9 avril 1881 de retirer sur leur seule signature les fonds par eux versés sans l'assistance du mari ou du représentant légal ne s'étend pas aux femmes mariées et aux mineurs qui leur succèdent.

123. — Les signatures apposées sur les demandes de remboursement après décès doivent être certifiées par le maire de la résidence des intéressés. Elles peuvent être certifiées par le commissaire de police, si le livret a été émis par la Caisse nationale d'épargne.

1. Le mari peut donner à un tiers le mandat d'autoriser sa femme par pouvoir spécial et exprès.

Si le mari est incapable (mineur, interdit, aliéné, pourvu d'un conseil judiciaire, etc.), la femme doit être autorisée en justice.

2. Le versement est alors considéré comme ayant été fait en présence de son mari. Si l'héritière est déjà titulaire d'un livret pris avec l'assistance de son mari, la somme est reportée au crédit de ce compte (Voir notre *Guide des Caisses d'épargne*).

Lorsqu'un héritier ne sait ou ne peut signer, la plupart des Caisses d'épargne privées exigent qu'il soit représenté par un mandataire porteur d'une procuration passée devant le maire (modèle G). La Caisse nationale d'épargne ne requiert cette formalité qu'autant que la somme à rembourser à l'ayant droit dépasse 150 francs; au-dessous de cette somme, le remboursement peut être fait en présence de deux témoins.

124. — Qu'ils sachent ou non signer, les ayants droit peuvent donner à un tiers, l'un deux s'ils le jugent convenable, la procuration de signer pour eux la demande et la quittance.

Les signatures des mandants sont certifiées sur la procuration par le maire; elles peuvent être certifiées par le commissaire de police, lorsque les fonds ont été versés à la Caisse nationale d'épargne.

125. — Les inscriptions de rentes, au nom d'un titulaire décédé, laissées en dépôt à la Caisse nationale d'épargne ou à la Caisse d'épargne privée sont remises aux héritiers sur un récépissé collectif donné par ceux-ci dès qu'ils ont justifié de leurs droits et touché le montant du livret.

126. — Quand les héritiers ne peuvent représenter le livret, la Caisse nationale d'épargne exige qu'ils souscrivent une déclaration de perte, qui est mise à l'appui de la demande de remboursement avec les justifications d'hérédité.

La même formalité est exigée par les Caisses d'épargne privées, qui réclament, en outre, une quittance notariée de tous les ayants droit.

127. — Lorsque les parts des héritiers sont laissées indivises par le certificat de propriété, le concours de tous les ayants droit est nécessaire pour obtenir le retrait des fonds.

Si l'un des intéressés ne veut pas signer ou constituer de mandataire à cet effet, il est nécessaire que les autres provoquent le partage de la succession pour arriver au remboursement de leurs parts respectives.

128. — Quand les parts sont déterminées par le certificat de propriété et que l'un des héritiers ne peut ou ne veut s'associer à la demande de remboursement, il est passé outre à son concours.

Dans ce cas, il est donné satisfaction aux héritiers présents, et la part revenant à l'ayant droit absent est transportée sur un livret ouvert d'office à son nom, ou réservée sur le livret existant, selon qu'il s'agit de dépôts faits à la Caisse nationale d'épargne ou à une Caisse d'épargne privée.

129. — Il n'est pas fait application des dispositions qui précèdent, lorsque les cohéritiers d'un présumé absent ont fait nommer, en exécution de l'article 113 du Code civil, un notaire pour le représenter. Dans ce cas, le notaire intervient valablement par sa signature au remboursement, à la condition, toutefois, que la pièce qui doit servir de

soutien à la quittance vise le jugement qui l'a chargé de représenter le non présent ou le présumé absent.

130. — Les exécuteurs testamentaires sont fondés à réclamer les dépôts d'épargne au nom du défunt lorsque la saisine leur a été donnée, circonstance dont le certificat de propriété doit, d'ailleurs, faire mention.

131. — Lorsqu'un livret d'épargne dépendant d'une succession a été attribué par un legs à une commune, une église, une fabrique ou à tout autre établissement qui ne peut en recevoir le montant avant d'avoir été autorisé à accepter le legs, le remboursement n'est effectué que sur la production de ladite autorisation (Ordonnance du 2 avril 1817, art. 1er, et Code civil, art. 910 à 937).

132. — L'administrateur provisoire nommé par le tribunal pour gérer les biens d'une succession, à raison de l'éloignement de plusieurs héritiers, ne peut retirer les dépôts d'épargne dont cette succession est créancière que si le jugement qui l'a désigné pour remplir les fonctions d'administrateur provisoire l'a autorisé à recevoir les capitaux et à en donner décharge.

Le cas échéant, il produit à l'appui de la demande de remboursement une copie ou un extrait dudit jugement.

133. — Les frais funéraires et de dernière maladie faits pour le titulaire d'un compte d'épargne soit par des particuliers, soit par une commune, ne sont pas remboursés par la Caisse d'épargne; les intéressés doivent poursuivre le recouvrement de ces frais soit auprès des héritiers, soit, en cas de déshérence, auprès de l'État, représenté par l'administration des domaines.

134. — L'usufruitier d'un livret d'épargne, qu'il soit ou non dispensé de fournir caution et de faire emploi, n'est généralement pas autorisé à convertir en rentes l'avoir de ce livret, ni à en recevoir le montant, si le nu propriétaire n'intervient pas, par sa signature, à la demande d'achat de rente ou de retrait des fonds[1].

Toutefois, lorsqu'une partie du livret d'épargne revient en pleine propriété à l'usufruitier, celui-ci est autorisé à recevoir le montant de cette partie sur sa seule signature.

135. — Quand, au jour du décès de l'usufruitier, il est dû des intérêts revenant à sa succession, ces intérêts sont payés aux héritiers sur la production d'un certificat de propriété ou de toute autre pièce justificative d'hérédité.

1. Cependant quelques Caisses d'épargne privées n'exigent pas le concours du nu propriétaire et payent entre les mains et sur la quittance de l'usufruitier seul, lorsque celui-ci est dispensé de caution et d'emploi.

136. — Le remboursement d'un livret d'épargne à la personne qui n'a que la nue propriété des fonds ne peut avoir lieu avant le décès de l'usufruitier, à moins que celui-ci n'y consente en intervenant par sa signature à la demande de remboursement, ou ne renonce à son droit d'usufruit par acte notarié, auxquels cas la Caisse d'épargne est valablement libérée.

Lors de l'extinction de l'usufruit, le remboursement du livret a lieu en faveur du nu propriétaire, sur la production d'un extrait de l'acte de décès de l'usufruitier.

137. — Lorsqu'une opposition est mise au remboursement de la part revenant à un héritier dans le montant d'un livret d'épargne dont le titulaire est décédé, l'opposition n'atteint que cette part, si elle a été déterminée par le certificat de propriété; si, au contraire, le remboursement du montant du livret d'épargne doit avoir lieu conjointement et indivisément entre tous les ayants droit, cas où la somme due à la partie saisie n'est pas connue, les effets de l'opposition s'étendent à la part de chacun des héritiers (Voir le chapitre *Oppositions*).

Dans ce dernier cas, il est de l'intérêt des cohéritiers du saisi de provoquer le partage de la succession.

138. — Quand le montant d'un livret dont le titulaire est décédé dépasse le maximum légal de 2000 francs, les héritiers sont invités, par lettre chargée, à en demander le remboursement.

Si, dans les trois mois qui suivent cet avis, le compte n'a pas été soldé ou ramené au-dessous du maximum légal, il est acheté d'office 20 francs de rente sur l'État au nom du titulaire du livret.

Les intérêts sont suspendus sur la portion du compte excédant 2000 francs, à partir du 1er ou du 16 qui a précédé la date de l'avis (Voir le chapitre *Comptes dépassant le maximum légal*).

139. — Les ayants droit d'un déposant décédé doivent s'abstenir de faire des versements sur le livret du défunt : ces opérations créeraient des difficultés au moment de la liquidation du compte.

Pour les successions étrangères, vacantes et en déshérence, voir le chapitre *Successions*, qui traite également des droits du conjoint survivant, des successions aux enfants naturels, etc.

CHAPITRE VIII

CERTIFICATS DE PROPRIÉTÉ

140. — Le certificat de propriété est un acte par lequel un officier public atteste le droit de propriété ou de jouissance d'un ou plusieurs individus dans certains cas déterminés par les lois.

141. — Lorsque cet acte s'applique à des fonds versés aux Caisses d'épargne, il est délivré dans les formes et suivant les règles prescrites par la loi du 28 floréal an VII, relative aux mutations d'inscriptions de rentes sur l'État (Loi du 7 mai 1853, art. 3)[1].

142. — Sont appelés à délivrer les certificats de propriété : 1° les notaires; 2° les juges de paix; 3° les greffiers des tribunaux de première instance et d'appel; 4° et, à l'étranger, les magistrats autorisés par les lois de leur pays (modèles M, N, O et P)[2].

1° *Notaires.*

143. — Le droit de délivrance appartient au notaire détenteur de la minute de l'un des quatre actes désignés par l'article 6 de la loi du

1. Pendant longtemps, l'ambiguïté de la rédaction de l'article 6 de la loi du 28 floréal an VII, qui semble prescrire indifféremment, à l'appui des mutations de rentes, la production d'un certificat de propriété ou d'un acte de notoriété, laissa supposer que ce dernier acte pouvait suffire; mais cette interprétation a cessé, et il est aujourd'hui admis que les mutations de rentes ne peuvent avoir lieu que sur la production d'un certificat de propriété. Si l'article précité emploie indistinctement ces deux mots, c'est parce que le certificat que délivre le juge de paix contient nécessairement un acte de notoriété (*Manuel-formulaire des certificats de propriété*, par MM. Berthaut et Amiaud).

2. La plupart des dispositions qui suivent ont été extraites d'une *Note sur la délivrance des certificats de propriété* émanant du Ministère des Finances (Bureau de la Dette inscrite).

28 floréal an VII — inventaire après décès, partage, donation entre-vifs, testament — ou de la minute d'un acte translatif quelconque ayant trait à la propriété du livret d'épargne, tel que : contrat de mariage, transport de droits successifs, acceptation de donation, délivrance de legs, dépôt, avec reconnaissance d'écriture, d'actes sous seing privé, nantissement, etc.

L'énumération faite en la loi du 28 floréal an VII ne peut être, en effet, considérée comme limitative, et une extension doit être admise pour tous autres actes attributifs ou translatifs de propriété.

Ainsi, sauf l'exception indiquée au paragraphe 149 ci-après, le notaire qui n'est détenteur d'aucune minute ne peut avoir qualité, lors même qu'il aurait reçu en dépôt les expéditions de tous les actes justificatifs des droits des parties.

144. — Le notaire détenteur de la minute du dernier acte qui a fixé la propriété du livret d'épargne n'a pas un droit exclusif, mais un simple droit de préférence pour la délivrance du certificat de propriété.

Par suite, si deux ou plusieurs des actes énumérés au § précédent ont été dressés par des notaires différents, et que ces notaires ne croient pas devoir concourir ensemble à la délivrance du certificat, ou qu'ils ne puissent le faire, comme n'étant pas du même ressort, le droit de délivrance appartient indistinctement au notaire détenteur de l'une quelconque des minutes, à la condition de viser les expéditions ou extraits, à lui déposés pour minute, de tous actes reçus par d'autres notaires et qui seraient nécessaires pour compléter l'établissement des droits des nouveaux propriétaires du livret d'épargne.

Le dépôt pour minute est autorisé même pour les actes reçus par des notaires de la même résidence ou du même ressort que le notaire certificateur (Statuts de la Chambre des notaires, 1er mai 1870, art. 30, 2e partie).

La représentation que le notaire certificateur se ferait faire des expéditions ou extraits de ces actes serait insuffisante et ne pourrait tenir lieu de dépôt; il en serait de même, par conséquent, de la simple énonciation de ces actes.

145. — La minute d'un simple acte de notoriété dressé, à défaut d'inventaire, pour établir les qualités héréditaires des parties ou constater l'absence d'héritiers réservataires, en cas de donation universelle ou de legs au même titre, ne peut suffire pour conférer au notaire qui en est détenteur la faculté de dresser le certificat de propriété, dès lors qu'il existe, dans une autre étude, la minute soit de l'un des actes visés en la loi de floréal an VII, soit d'un acte quelconque translatif de propriété.

Ce notaire n'aurait pas qualité pour agir, même en se faisant déposer l'expédition ou l'extrait de ce dernier acte.

146. — Il est généralement admis que, lorsque la mutation n'a pas d'autre cause que le fait du décès, cas dans lequel le juge de paix semble être le seul fonctionnaire désigné par la loi, le certificat de propriété, basé uniquement sur la minute d'un acte de notoriété ou sur le brevet original d'un acte de notoriété déposé pour minute, peut être délivré par un notaire; toutefois cette doctrine a contre elle un jugement rendu, le 26 décembre 1877, par le tribunal de Saint-Mihiel.

147. — Deux notaires peuvent concourir à la délivrance d'un seul et même certificat de propriété, à la condition que leur certification soit collective, et qu'ils datent l'acte de la commune où ils ont tous deux le droit d'instrumenter.

148. — Lorsque la mutation s'est opérée en vertu d'un jugement, le notaire peut avoir qualité, ainsi que le greffier, pour délivrer le certificat de propriété, si les droits des parties qui ont été l'objet d'une contestation résultent partiellement d'actes ayant précédé ou suivi le jugement.

En pareil cas, le notaire détenteur de la minute de l'un de ces actes doit réclamer le dépôt de la grosse du jugement, les pièces constatant son exécution ou qu'il est passé en force de chose jugée, et les expéditions ou extraits de tous actes authentiques utiles, dont il n'aurait pas les minutes.

149. — Quand il s'agit d'actes reçus à l'étranger et même dans les colonies françaises, un notaire français est compétent pour délivrer le certificat de propriété, en se faisant déposer ces actes eux-mêmes, ou leurs expéditions ou extraits dûment légalisés.

150. — Les actes et pièces établissant les droits des parties sont mentionnés par ordre de date et analysés sommairement dans le certificat de propriété; le notaire atteste qu'il a en sa possession ces actes et ces pièces.

Lorsque le certificat de propriété est dressé en vertu d'un partage, le notaire déclare qu'il détient la minute ou une expédition déposée dans son étude, soit d'un inventaire fait après le décès du titulaire du livret d'épargne, soit d'un acte de notoriété, en l'absence d'inventaire.

S'il est fait mention dans le certificat de propriété d'un jugement susceptible d'appel, le notaire atteste que ce jugement n'a été attaqué ni par la voie de l'appel, ni par la voie de l'opposition, dans les délais fixés par la loi.

151. — Quand l'attribution de propriété d'un livret d'épargne est fondée sur un testament authentique et que l'ayant droit se trouve en concours avec des héritiers réservataires, le notaire mentionne dans le

certificat qu'il a été donné délivrance du legs, soit judiciairement, soit à l'amiable, par lesdits héritiers (Code civil, art. 1004).

Si l'ayant droit ne se trouve pas en concours avec des héritiers réservataires, le notaire se borne à déclarer dans le certificat de propriété que le titulaire du livret d'épargne n'a laissé aucun héritier à réserve (Code civil, art. 1006).

152. — Dans le cas de legs universel et lorsque le droit au montant d'un livret d'épargne résulte d'un testament olographe ou mystique, le notaire vise dans le certificat de propriété le procès-verbal dressé par le président du tribunal qui en a constaté l'état et ordonné le dépôt dans son étude ; il y mentionne, en outre, quand l'ayant droit se trouve en concours avec des héritiers réservataires, que la délivrance du legs a été donnée, soit judiciairement, soit à l'amiable, par lesdits héritiers.

Si l'ayant droit ne se trouve pas en concours avec des héritiers réservataires, le notaire vise, avec le procès-verbal dont il est parlé ci-dessus, l'acte de notoriété établissant qu'il n'existe pas d'héritiers à réserve et l'ordonnance du président, rendue sur requête, qui envoie l'ayant droit en possession de la succession (Code civil, art. 1008).

153. — Lorsque le droit au montant d'un livret résulte d'une donation faite par contrat de mariage ou entre-vifs, le notaire vise cette pièce dans le certificat de propriété ; il indique aussi s'il existe des héritiers à réserve.

154. — Le légataire à titre universel et le légataire particulier ne sont pas saisis de plein droit de la chose léguée, non plus que le légataire universel, s'il y a des héritiers à réserve ; ils sont tenus d'en demander la délivrance ou l'envoi en possession (Code civil, art. 1011 et 1014) ; par suite, le notaire doit déclarer, dans le certificat de propriété, que cette formalité a été accomplie.

155. — Les exécuteurs testamentaires n'étant fondés à réclamer le remboursement des dépôts d'épargne au nom du défunt qu'autant que la saisine leur a été donnée, le certificat de propriété doit être explicite sur ce point.

156. — Quand le droit au montant d'un livret d'épargne est dévolu à des successeurs irréguliers, le notaire vise dans le certificat de propriété le jugement qui les envoie en possession (Code civil, art. 770).

Sont considérés comme successeurs irréguliers : les enfants naturels du défunt ; le conjoint survivant et l'État (Code civil, art. 723 et 724). Les hospices sont également considérés comme successeurs irréguliers.

Dans la pratique, la formalité de l'envoi en possession n'est pas uise lorsqu'il s'agit de sommes inférieures à 150 francs.

157. — Lorsque les cohéritiers d'un absent font nommer un notaire

pour le représenter, en exécution de l'article 113 du Code civil, le certificat de propriété indique la date du jugement de nomination ainsi que les nom et prénoms du notaire commis.

158. — La signature des notaires est légalisée par le président du tribunal, lorsqu'il est fait usage du certificat de propriété hors du département où ils exercent; elle peut l'être aussi par le juge de paix de leur canton, lorsqu'ils n'exercent pas dans les chefs lieux de département ou d'arrondissement (Loi du 2 mai 1861, art. 1er).

Les certificats de propriété délivrés par les notaires résidant au chef-lieu d'une cour d'appel sont valables sans légalisation dans le ressort de cette même cour (Loi du 28 ventôse an XI, art. 28).

159. — Il est à remarquer que l'obligation faite aux notaires de prêter leur ministère toutes les fois qu'ils en sont requis ne s'applique pas aux certificats de propriété, qui ne sont point des actes notariés proprement dits : ces officiers ministériels peuvent refuser la délivrance des certificats de cette nature, si le droit dont on leur réclame la constatation n'est pas suffisamment établi.

2° *Juges de paix.*

160. — Les juges de paix ne sont compétents, pour délivrer les certificats concernant les titulaires de livrets d'épargne décédés dans leur ressort, qu'en l'absence de tout acte translatif ou attributif de propriété, et lorsque les droits des nouveaux propriétaires résultent uniquement des dispositions de la loi, sans être modifiés ou constatés par aucun acte antérieur ou postérieur au décès du titulaire.

Ainsi ils cessent d'avoir qualité pour cette délivrance lorsqu'il existe : 1° un acte notarié quelconque ayant trait à l'hérédité; 2° un jugement en vertu duquel la mutation s'est opérée ou qui a prononcé soit l'envoi en possession provisoire ou définitive par suite d'absence, soit la déclaration de vacance ou de déshérence d'une succession, soit encore l'envoi en possession au profit d'un conjoint survivant ou de tout autre successeur irrégulier appelé à succéder à défaut d'héritiers légitimes; 3° des actes quelconques dressés au greffe d'un tribunal, tels que : acceptation ou renonciation soit d'une communauté, soit d'une succession; 4° des actes sous seing privé, tels que ceux contenant partage ou transport de droits successifs.

161. — Les juges de paix délivrent les certificats de propriété sur l'attestation de deux témoins; ils doivent les établir dans la même forme que ceux dressés par les notaires (modèle N).

162. — Tout certificat de propriété établi par le suppléant du juge

de paix doit faire mention de l'absence ou de l'empêchement de ce magistrat.

163. — La signature des juges de paix est légalisée par le président du tribunal civil de l'arrondissement lorsqu'il est fait usage du certificat de propriété hors du département dans lequel ils remplissent leurs fonctions.

3° *Greffiers.*

164. — Le greffier du tribunal ou de la cour d'appel délivre le certificat de propriété lorsque, par suite de contestations litigieuses, les droits des nouveaux propriétaires du livret d'épargne sont établis par un jugement ou un arrêt (modèle O).

Si le jugement a pour objet seulement de prescrire des mesures conservatoires, le droit de délivrance du certificat de propriété appartient au notaire détenteur de la minute de l'un des actes qui ont précédé ou suivi le jugement.

165. — La signature du greffier du tribunal ou de la cour d'appel est légalisée par le président du tribunal ou de la cour.

4° *Maires.*

166. — Lorsque le montant d'un livret d'épargne est inférieur à 50 francs, le remboursement peut être autorisé sur la production d'un certificat du maire de la commune où est décédé le titulaire, énonçant que les parties y dénommées ont seules le droit de toucher la somme en qualité d'héritiers.

Les certificats de cette nature sont délivrés sans frais (modèle P).

167. — La signature du maire, dans les départements autres que celui de la Seine, doit être légalisée par le préfet ou le sous-préfet; mais, dans la pratique, cette formalité n'est pas exigée par les Caisses d'épargne.

5° *Notaires ou magistrats étrangers et consuls.*

168. — En ce qui concerne les successions ouvertes à l'étranger, les certificats de propriété peuvent être délivrés par les magistrats, notaires ou autres fonctionnaires autorisés par les lois de leur pays,

sur la justification d'un certificat de coutume attestant que les signataires desdits certificats ont qualité à cet effet. (Voir le chapitre *Successions*).

169. — Les consuls étrangers en France peuvent également délivrer des certificats de propriété pour les livrets d'épargne qui dépendent des successions de leurs nationaux, mais seulement lorsque le droit d'instrumenter leur a été formellement reconnu par une convention diplomatique (Voir à l'appendice III les clauses relatives aux pouvoirs des consuls en matière de succession).

De même, les consuls français hors de France sont admis à délivrer des certificats de propriété pour les successions de leurs nationaux décédés dans l'étendue de leur juridiction.

170. — La majorité, acquise à l'âge de vingt et un ans pour les sujets français des deux sexes, n'étant pas fixée également dans tous les autres pays, il est nécessaire que les certificats de propriété constatent formellement si les ayants droit étrangers y dénommés sont majeurs ou mineurs, et, dans ce dernier cas, qu'ils fassent mention de leurs tuteurs.

171. — Les certificats de propriété délivrés par les magistrats ou fonctionnaires étrangers sont légalisés en premier lieu par les autorités du pays et ensuite par les consuls français et au Ministère des affaires étrangères en France (Ordonnance du 25 octobre 1833, art. 9).

6° *Règles communes à tous les certificats de propriété.*

172. — Les certificats de propriété doivent énoncer en tête les numéros du ou des livrets qui en font l'objet, ainsi que les noms et prénoms des titulaires.

173. — Lorsque le titulaire d'un livret d'épargne est nommé ou prénommé autrement que dans ledit livret, l'erreur doit être rectifiée. Cette rectification peut être faite dans le certificat de propriété en visant seulement la minute d'un acte de notoriété.

174. — Il n'est pas nécessaire de dresser des certificats séparés et distincts pour chaque livret d'épargne dépendant d'une même succession.

175. — Tout certificat de propriété délivré après décès doit mentionner si le titulaire est décédé célibataire, veuf ou marié, et, dans ce dernier cas, faire connaître le régime matrimonial; il doit indiquer également lorsqu'il y a plusieurs ayants droit, la portion revenant à chacun d'eux, à moins qu'il ne conclue à des droits communs et indivis.

176. — Dans la disposition finale où se trouve la certification du droit de propriété les nouveaux propriétaires doivent être désignés par noms et prénoms.

Si, parmi eux, il y a des ayants droit mineurs, des aliénés, des interdits, des prodigues, il est fait mention des noms, prénoms et domiciles des tuteurs, administrateurs, curateurs ou conseils judiciaires.

Pour les femmes mariées, le certificat de propriété doit indiquer qu'elles sont autorisées de leurs maris ou par la justice (Code civil, art. 217 et 218).

Pour les faillis, on mentionne les noms des syndics et les jugements contenant la nomination de ces derniers.

177. — Les certificats de propriété doivent porter l'empreinte du sceau des notaires ou des magistrats qui les ont établis.

Ces actes ne doivent présenter ni surcharge, ni interligne. Les renvois écrits en marge sont approuvés, ainsi que la constatation des mots rayés (Loi du 25 ventôse an XI, art. 15 et 16).

178. — Les certificats de propriété que produisent, en cas de décès du titulaire d'un livret d'épargne, les héritiers du déposant sont exempts des formalités du timbre et de l'enregistrement[1] (Décision du Ministre des finances du 11 juin 1888).

Ces actes sont au nombre des actes simples qui peuvent être délivrés en brevet. C'est d'ailleurs la forme universellement adoptée pour leur délivrance, bien qu'aucun texte de loi ne paraisse s'opposer à ce qu'ils soient faits en minute[2].

179. — Les Caisses d'épargne ne doivent pas exiger à l'appui des certificats de propriété les expéditions ou extraits des pièces d'où découlent les droits des parties, ni substituer leur appréciation à celle que le notaire doit faire de ces actes; leur rôle se borne à reconnaître si lesdits certificats sont réguliers dans la forme et non au fond.

Les certificats de propriété ne peuvent être rendus aux parties; ils doivent rester à l'appui des quittances.

1. Ils deviennent sujets à l'enregistrement s'il en est fait usage en justice, dans un acte authentique ou devant une autorité constituée.

2. *Manuel-formulaire des certificats de propriété*, par MM. Berthaut et Amiaud.

CHAPITRE IX

SUCCESSIONS

180. — On distingue deux sortes de successions : les unes sont déférées par les lois, suivant la proximité de la parenté ou l'affection présumée, et, par ce motif, prennent le nom de légales, légitimes ou naturelles; les autres sont déférées par la volonté de l'homme et font l'objet des testaments ou des institutions contractuelles.

181. — Les successions légales se divisent, en outre, en régulières ou irrégulières.

Sont appelées régulières celles qui sont recueillies : 1° par les enfants et autres descendants du défunt; 2° à défaut de ceux-ci, par les pères et mères et autres ascendants; 3° enfin par les frères et sœurs et autres collatéraux.

Les successions irrégulières sont celles qui sont dévolues, en l'absence d'autres héritiers, aux enfants naturels; à leur défaut, à l'époux survivant et, s'il n'y en a pas, à l'État.

1° *Successions déférées aux descendants.*

182. — Les descendants de la personne dont l'hérédité s'ouvre sont appelés en premier ordre et à l'exclusion de tous autres, sans aucun égard à la proximité du degré, en sorte qu'ils excluent tous les ascendants ou collatéraux qui peuvent se trouver d'un degré plus rapproché du défunt.

183. — Les descendants succèdent par égales portions et par tête, quand ils sont tous au premier degré et appelés de leur chef; ils succèdent par souche, c'est-à-dire de manière à ne prendre, quel que soit leur nombre, que ce qui serait échu à leur auteur, lorsqu'ils viennent tous ou en partie par représentation (Code civil, art. 745).

184. — La loi n'accorde de droits aux enfants naturels sur les biens de leur père ou mère décédés que lorsqu'ils ont été légalement reconnus (Code civil, art. 756).

2° *Successions déférées aux ascendants.*

185. — Si le défunt n'a laissé ni postérité, ni frère, ni sœur, ni descendants d'eux, la succession se divise par moitié entre les ascendants de la ligne paternelle et les ascendants de la ligne maternelle (Code civil, art. 746).

186. — Lorsque les ascendants se trouvent exclus de la succession ou en concours avec d'autres cohéritiers, ils succèdent, à l'exclusion de tous autres, aux choses par eux données à leurs enfants ou descendants décédés sans postérité (Code civil, art. 747).

3° *Successions collatérales.*

187. — En cas de prédécès des père et mère d'une personne morte sans postérité, ses frères, sœurs ou leurs descendants sont appelés à la succession, à l'exclusion des ascendants et des autres collatéraux. Ils succèdent de leur chef ou par représentation (Code civil, art. 750).

Il résulte de cette disposition que les ascendants, autres que les père et mère, sont exclus non seulement par les descendants, mais encore par les frères et sœurs du défunt, et même par les descendants de ceux-ci.

188. — Si les père et mère de la personne morte sans postérité lui ont survécu, ses frères, sœurs ou leurs représentants ne sont appelés qu'à la moitié de la succession.

Si le père ou la mère seulement a survécu, ils sont appelés à recueillir les trois quarts (Code civil, art. 748 et 751).

Les droits des collatéraux autres que les frères ou sœurs sont déterminés par les articles 733, 746, 752, 753 et 754 du Code civil.

4° *Droits du conjoint survivant.*

189. — Les dispositions du Code civil qui fixent les droits de succession des époux et de leurs héritiers s'appliquent aux fonds déposés aux Caisses d'épargne comme aux autres biens.

190. — Lorsque l'un des conjoints vient à décéder, la communauté est dissoute, et tous les biens qui la composent rentrent dans l'actif de

la succession, sauf pour l'époux survivant à appréhender la part qui lui revient par contrat ou en vertu de la loi.

Ainsi, le livret ouvert à une femme mariée tombe, au décès de son conjoint, dans la masse commune, et ne doit être remboursé que sur la production de justifications d'hérédité.

Toutefois le conseil d'État a émis l'avis, dans sa séance du 10 novembre 1886, que la femme qui a obtenu un livret sans l'assistance de son mari peut, pendant son veuvage, retirer seule les fonds qu'elle a placés ainsi, sauf opposition, soit de la part de ses propres créanciers, soit de la part des créanciers ou des héritiers de son mari.

191. — Si le défunt laisse des parents au degré successible ou des enfants naturels, le conjoint survivant non divorcé contre lequel n'existe pas de jugement de séparation de corps passé en force de chose jugée, a, sur la succession du prédécédé, un droit d'usufruit qui varie suivant le nombre et la qualité des héritiers (Code civil, art. 767, modifié par la loi du 9 mars 1891).

192. — Lorsque le défunt n'a pas fait de testament, et lorsqu'il ne laisse ni parent au degré successible, ni enfant naturel, le compte d'épargne dépendant de sa succession appartient en pleine propriété au conjoint non divorcé qui lui survit (Code civil, art. 767, modifié par la loi du 9 mars 1891).

A défaut de conjoint survivant, la succession est acquise à l'État, représenté par l'administration des domaines, qui doit produire, pour obtenir le remboursement du compte d'épargne, un certificat de propriété, délivré par le greffier du tribunal qui a rendu le jugement de vacance.

Ce certificat peut être remplacé, s'il s'agit d'un livret de la Caisse nationale d'épargne, par l'acte de décès du défunt et l'expédition, sur papier libre, certifiée par le directeur des domaines, du jugement d'envoi en possession rendu dans la forme prescrite par l'article 770 du Code civil.

5° *Succession aux enfants naturels.*

193. — La succession de l'enfant naturel décédé sans postérité est dévolue, d'après l'article 765 du Code civil, au père ou à la mère qui l'a reconnu, ou par moitié à tous les deux, s'il a été reconnu par l'un et par l'autre.

L'article 766 du même Code détermine à qui appartient la succession de l'enfant naturel reconnu lorsqu'il décède après ses père et mère.

194. — Les biens des enfants naturels non reconnus décédés sans

postérité appartiennent au conjoint survivant et, à défaut, à l'État.

Dans ce dernier cas, l'administration des domaines a seule qualité pour faire acte d'hérédité.

105. — Aucun texte de loi n'interdit la reconnaissance d'un enfant naturel après son décès, et le droit de la mère à lui succéder, s'il est mort sans postérité, est généralement admis lorsqu'elle est désignée dans l'acte de naissance de l'enfant.

6° *Successions étrangères.*

106. — Les héritiers d'un déposant sujet étranger, décédé en France, justifient de leurs droits à la propriété du livret au moyen de certificats délivrés par l'autorité étrangère compétente (Voir le chapitre *Certificats de propriété*).

Ils peuvent encore justifier de leurs droits au moyen d'un certificat de propriété établi par un notaire français, et basé sur un certificat de coutume dressé par le consul étranger du domicile du défunt.

Dans ce cas, le certificat de coutume doit être déposé au rang des minutes du notaire.

107. — Certains traités ou conventions consulaires, dont les dispositions essentielles sont reproduites à l'appendice III, confèrent aux agents étrangers accrédités auprès de la République française le droit de se faire remettre directement le montant des successions de leurs nationaux décédés en France.

Lorsqu'un consul réclame à ce titre les fonds d'un livret d'épargne, il établit une demande de remboursement, sur laquelle il fait suivre sa signature de la mention suivante : *Consul agissant en vertu des dispositions de l'article* (numéro) *de la convention* (ou du traité), *en date du....*

La demande de remboursement est, en outre, revêtue du sceau du consulat et appuyée de l'acte ou d'un extrait de l'acte de décès du déposant.

7° *Successions vacantes et en déshérence.*

108. — Une succession est présumée vacante, lorsque, au moment de son ouverture, aucun héritier ne s'est présenté, soit en personne, soit par un mandataire spécial ; qu'il n'y a pas d'héritier connu, ou que les héritiers connus y ont renoncé (Code civil, art. 811).

109. — Le curateur à une succession vacante n'a pas le droit de

recevoir directement le montant des livrets d'épargne dépendant de cette succession, à moins que ce droit ne lui ait été formellement reconnu par le tribunal.

Le remboursement des fonds n'est effectué qu'entre les mains et sur la demande du receveur des domaines, chargé de les verser à la Caisse des dépôts et consignations (Code civil, art. 813).

A l'appui de la demande de remboursement, ce comptable met un certificat de propriété, délivré par le greffier du tribunal qui a rendu le jugement de vacance.

Ce certificat peut être remplacé, s'il s'agit d'un livret de la Caisse nationale d'épargne, par un extrait, certifié par le greffier, du jugement déclaratif de la vacance.

200. — L'ordonnance du 26 décembre 1842 a institué en Algérie, dans chaque canton, un curateur aux successions vacantes. Ces curateurs entrent en fonctions de plein droit dès que la vacance est constatée par le maire, sans qu'il soit besoin d'un jugement pour les habiliter. Ils peuvent, avant que le montant net de la succession soit versé au receveur des domaines, réaliser les valeurs trouvées dans la succession, sous le contrôle du procureur de la République, afin de payer les dettes privilégiées.

Par suite, il est fait droit à toute demande de remboursement formée par un curateur aux successions vacantes en Algérie, lorsque la demande de retrait est accompagnée d'un extrait de l'acte de décès du titulaire du livret, et d'une autorisation de toucher les fonds délivrée au curateur, sur papier libre, par le procureur de la République du ressort.

201. — La déclaration de vacance de succession en Algérie n'emporte pas présomption de déshérence, à la différence de ce qui a lieu en France; l'État ne fait siens les fruits qu'à partir du jour de l'envoi en possession définitive, lorsque des héritiers se présentent postérieurement. Il doit compte de ceux qui ont été perçus depuis le jour du décès jusqu'à celui de l'envoi en possession.

202. — Le livret d'épargne ayant appartenu à un musulman, décédé sans laisser d'héritiers connus, est remboursé au receveur des domaines, sur la demande qu'il formule en cette qualité, et lorsque cette demande est appuyée d'un acte de notoriété dressé par le juge de paix, visant l'acte de décès du titulaire et constatant que l'État a seul qualité pour recueillir la succession.

203. — Lorsqu'en Algérie un étranger décède et qu'il ne se présente aucun créancier français, le curateur aux successions vacantes n'a pas le droit de s'immiscer dans l'administration de la succession et, par suite, de se faire remettre les fonds d'épargne dépendant de

cette succession; ce droit n'est acquis qu'au consul de la nation à laquelle appartient le défunt.

204. — Quand le montant d'un livret dépendant d'une succession réputée vacante est réclamé par les héritiers, il n'est remboursé qu'avec le concours et le consentement du curateur de cette succession, qui intervient, le cas échéant, à la demande et à la quittance de remboursement. A l'appui de la quittance est annexé un certificat de propriété et un extrait du jugement contenant nomination du curateur.

205. — Une succession est en déshérence lorsqu'elle est réclamée par l'État, à défaut de tout autre héritier.

Lorsque l'administration des domaines est appelée à recueillir une succession à titre de déshérence, elle doit justifier de l'accomplissement des formalités prescrites par les articles 769 et 770 du Code civil, c'est-à-dire produire un extrait du jugement d'envoi en possession définitive, ou un certificat de propriété, délivré par le greffier, si le livret a été émis par une Caisse d'épargne privée.

Toutefois, lorsqu'il y a nécessité, par exemple pour payer les dettes privilégiées, de réaliser l'actif de la succession avant les formalités d'envoi en possession, le remboursement peut être effectué en vertu de l'autorisation du tribunal et sur la production d'un extrait du jugement contenant cette autorisation.

Les extraits rédigés sur papier timbré n'ont besoin que d'être certifiés par le directeur des domaines.

206. — Les livrets d'épargne apportés dans les hospices par les malades traités gratuitement appartiennent à ces hospices, lorsque les titulaires y décèdent sans laisser d'héritiers; en cas de déshérence, lesdits livrets deviennent la propriété des hospices, à l'exclusion des domaines (Avis du conseil d'État du 3 novembre 1809).

Les hospices doivent justifier de leurs droits par la production d'un certificat de propriété, pour obtenir le remboursement des dépôts.

CHAPITRE X

RENTES

207. — Tout titulaire d'un livret d'épargne dont l'avoir est suffisant pour acheter au moins 10 francs de rente sur l'État français peut faire opérer cet achat par la Caisse d'épargne, qui emprunte pour cette opération l'intermédiaire de la Caisse des dépôts et consignations.

L'achat peut être supérieur à 10 francs, sans toutefois qu'il puisse excéder le quantum de l'actif du compte, dont le maximum est fixé à 2000 francs pour les déposants ordinaires et à 8000 pour certaines sociétés (Voir le chapitre *Sociétés*).

208. — Les Caisses d'épargne sont autorisées à servir d'intermédiaire à leurs déposants pour l'achat de rentes sur l'État français, à l'exclusion de toutes autres valeurs; toutefois, elles ne prêtent pas leur concours aux déposants pour l'achat de rentes ayant pour objet de constituer des donations au nom de tiers ou d'institutions quelconques.

Les sommes à convertir en inscriptions de rente doivent être exclusivement prélevées sur le compte d'épargne des déposants.

209. — Les achats de rente effectués par l'entremise des Caisses d'épargne ont lieu sans frais; ils donnent lieu toutefois à la perception du droit de timbre édicté par la loi du 28 avril 1893 sur les opérations de bourse.

210. — Les rentes achetées sur la demande des déposants sont nominatives ou mixtes; ce choix est limité actuellement aux valeurs : 3 1/2 pour 100, 3 pour 100 perpétuel et 3 pour 100 amortissable.

Les rentes 3 1/2 pour 100 et 3 pour 100 perpétuel comportent des titres mixtes.

La rente 3 pour 100 amortissable n'est délivrée que par coupures de 15 francs ou d'un multiple de 15 francs.

La rente mixte est ainsi appelée de ce que le capital seul de la rente est nominatif, tandis que les coupons d'arrérages dont elle est munie sont au porteur.

211. — Il n'est pas acheté de rentes au porteur dans l'intérêt même des déposants, attendu que, en cas de perte, les titres de cette nature ne sont remplacés que moyennant le dépôt d'un cautionnement en rente immobilisé pendant vingt ans (Loi du 15 juin 1872).

Quant aux rentes mixtes, il n'en est pas acheté pour des personnes n'ayant pas la libre disposition de leurs biens, telles que les établissements publics et religieux, les caisses de retraites, les sociétés de secours mutuels, les interdits, les incapables, lesquels ne peuvent renoncer aux garanties offertes par la rente nominative.

Cette prohibition ne s'étend pas aux femmes mariées séparées de biens lorsque leur contrat de mariage ne contient aucune condition de dotalité ou de remploi.

La restriction faite en ce qui concerne les rentes mixtes s'explique par le motif que celui qui demande une inscription de cette nature renonce à la faculté, que lui reconnaît l'article 7 de la loi du 22 floréal an VII, de former opposition au payement des arrérages et qu'une telle renonciation ne peut être consentie que par des personnes jouissant de la plénitude de leurs droits.

212. — La demande d'achat de rente doit être établie sur une formule spéciale indiquant le numéro du livret, les nom et prénoms du titulaire, ainsi que le chiffre de rente réclamé (modèles Q et R).

Les demandes formées par les déposants à la Caisse nationale d'épargne doivent, en outre, indiquer la demeure actuelle du titulaire, le département où il désire toucher les arrérages et le bureau de poste où l'inscription doit être remise. Si le titre de rente doit être laissé en dépôt, l'intéressé le mentionne en ces termes dans la demande : *Le titre de rente devra être conservé par la direction de la Caisse nationale d'épargne.*

Comme l'omission de l'une des indications que comportent les demandes d'achat de rente aurait pour résultat de faire suspendre l'opération, nous engageons les titulaires à faire vérifier la régularité de ces demandes par le receveur des postes, au moment de leur dépôt.

213. — Le déposant doit demander l'achat d'une *somme fixe de rente*, sans indication du capital à employer, la détermination du capital étant subordonnée au prix d'achat.

Il ne *peut pas* désigner un capital fixe à convertir en une inscription de rente d'un chiffre déterminé.

Les achats de rente ayant lieu au *cours moyen* du jour de l'opération, il n'est pas donné suite aux demandes indiquant des cours fixés d'avance.

214. — Le titulaire du livret doit signer lui-même la demande d'achat de rente, s'il est majeur.

S'il est illettré, la demande est signée par un mandataire porteur d'une procuration passée devant le maire de la résidence du déposant (modèle G) ou par deux témoins s'il s'agit d'un compte de la Caisse nationale d'épargne.

215. — Dans le cas où le titulaire n'a pas signé la demande de livret ou sur le registre matricule lors du premier versement, la demande d'achat de rente doit être certifiée par le maire. Cette certification peut être faite par le commissaire de police, s'il s'agit de fonds versés à la Caisse nationale d'épargne.

216. — La femme mariée qui a versé sans l'assistance de son mari peut acheter de la rente sans cette assistance, c'est-à-dire sur sa seule signature; au contraire, la demande doit être signée par le mari et la femme, lorsque celle-ci a effectué son premier dépôt avec l'assistance de son conjoint ou lorsqu'elle s'est mariée ou remariée depuis l'ouverture de son livret d'épargne. Dans les deux cas, la femme mariée ne peut ultérieurement vendre ou transférer la rente acquise à son nom sans le concours de son mari que si elle est séparée de biens soit contractuellement, soit judiciairement.

217. — La femme mariée qui a obtenu un livret sans l'assistance de son mari et qui, après la mort de celui-ci, demande, pour la première fois depuis son veuvage, l'achat d'un titre de rente à son nom de veuve doit produire à l'appui de sa demande un certificat de décès ou un extrait de l'acte de décès de son conjoint (Voir le chapitre *Femmes*).

218. — Le mineur qui s'est fait ouvrir un livret sans l'assistance de son représentant légal peut acquérir de la rente directement sur sa seule signature, après seize ans révolus; mais il ne peut, avant sa majorité, la vendre ou la transférer sans le concours de son représentant légal, ou de son curateur, s'il a été émancipé (Voir le chapitre *Mineurs*).

Lorsque la tutelle du mineur est dative, la demande d'achat de rente doit faire mention de la date de la délibération du conseil de famille qui a nommé le tuteur.

219. — La demande d'achat de rente est signée par le tuteur, si le déposant est interdit, et par l'administrateur provisoire, si le déposant est aliéné interné non interdit.

Le déposant soumis à l'autorité d'un conseil judiciaire doit être assisté de son conseil (Voir les chapitres *Interdits*, *Aliénés*, *Conseil judiciaire*).

Les demandes d'achat de rente au nom des sociétés de secours mutuels et autres institutions analogues doivent être accompagnées, pour la première fois, d'un exemplaire de leurs règlements constitutifs, certifié par le maire (Voir le chapitre *Sociétés*). Quant à celles formées par les sociétés religieuses, elles doivent être appuyées d'une copie, certifiée conforme, du décret qui autorise ainsi l'emploi des fonds. Les unes et les autres doivent être signées par la ou les personnes ayant qualité à cet effet.

220. — Il est nécessaire de spécifier, sur toute demande d'achat de rente au nom d'un mineur dont le compte n'est remboursable qu'à sa majorité, que le titre de rente portera la mention suivante ou une mention analogue : *La présente rente provenant de fonds versés à la Caisse d'épargne de..., à titre de don pour le compte du titulaire, ne sera aliénable qu'à sa majorité.*

La clause d'*incessibilité* ne peut être mentionnée dans le libellé d'une inscription de rente qu'en vertu d'un jugement, d'un testament ou de tout autre acte authentique.

221. — Aucune demande d'achat de rente n'est admise sur un compte d'épargne frappé d'opposition, à moins que la saisie-arrêt n'atteigne qu'une portion déterminée du capital et que la somme laissée disponible ne permette d'opérer l'achat sans diminuer le gage du créancier.

222. — L'usufruitier d'un livret d'épargne, qu'il soit ou non dispensé de fournir de caution et de faire emploi, n'est généralement pas admis à convertir en inscriptions de rente tout ou partie du capital dudit livret, si les nu-propriétaires n'interviennent par leurs signatures à la demande d'achat de rente.

223. — Les demandes d'achat de rente formées par les déposants à la Caisse nationale d'épargne sont adressées, savoir : 1° au directeur général des Postes et des Télégraphes (direction de la Caisse nationale d'épargne), lorsqu'il s'agit d'un livret de série départementale (couverture gris-bleuté) ; 2° au directeur de la succursale, lorsqu'il s'agit d'un autre livret, à l'exception de ceux émis par les succursales navales (Voir le chapitre *Succursales navales*).

En ce qui concerne les demandes d'achat de rente formées par les déposants aux Caisses d'épargne privées, elles doivent être remises aux caissiers de ces établissements, accompagnées du livret, en échange duquel un bulletin de dépôt est remis à l'intéressé.

224. — Les achats de rente sont effectués dans un délai de huit jours environ.

Lorsque le titre de rente lui est remis, le déposant en donne décharge.

Si le titulaire ne peut prendre lui-même livraison des inscriptions achetées en son nom, il doit se faire suppléer par un mandataire muni d'une procuration régulière (modèle F ou G). Les déposants aux Caisses d'épargne privées ont, en outre, la faculté, lorsqu'ils savent signer, mais ne peuvent ou ne veulent se présenter eux-mêmes pour retirer leurs titres de rente, d'en faire prendre livraison par un tiers porteur d'un récépissé préalablement signé (modèle R *bis*).

Les achats de rente opérés pour le compte des déposants constituent de véritables remboursements, puisque la dépense faite pour ces achats est prélevée sur leur compte d'épargne; en conséquence, le coût de chaque rente est porté sur le livret du titulaire comme un retrait de fonds en espèces (Voir le chapitre *Remboursements*).

225. — Les Caisses d'épargne gardent gratuitement en dépôt, à la demande des intéressés, les titres acquis par leur intermédiaire. A chaque échéance, les arrérages sont encaissés sans frais par leurs soins et portés au crédit du compte des déposants et ensuite sur le livret lors de sa présentation.

Les Caisses d'épargne conservent également en dépôt les inscriptions de rente qui, par une cause quelconque, n'ont pu être remises aux titulaires.

Les titres de rente non retirés par les déposants dans un délai de trente ans sont consignés à la Caisse des dépôts et consignations. Du jour de la consignation, et jusqu'à la réclamation des intéressés, le service des arrérages de la rente est suspendu (Voir le chapitre *Prescription ou déchéance trentenaire*).

226. — Les titulaires n'ont pas à produire un certificat de vie pour le renouvellement des inscriptions de rente laissées en dépôt dans les Caisses d'épargne, lorsque toutes les cases destinées à la constatation des arrérages ont été remplies (Circulaire du Ministre des finances du 2 mars 1889. — Bureau de la Dette inscrite).

227. — Les Caisses d'épargne n'admettent pas les demandes qui ont pour objet soit le changement, après le décès des titulaires, de l'immatriculation des titres, soit la vente d'inscriptions acquises dans des conditions régulières.

228. — Pour toute rectification à apporter aux titres de rente, les intéressés doivent, lorsque l'erreur n'est pas imputable à la Caisse d'épargne, s'adresser soit au trésorier général du département, soit au receveur particulier de leur arrondissement ou au percepteur de leur résidence.

229. — Les Caisses d'épargne ne sont pas autorisées à souscrire pour le compte de leurs déposants aux émissions de rentes; leurs achats portent exclusivement sur les titres classés et entrés dans la circulation.

230. — Les agents du Trésor suspendent le payement des arré-

rages de tout titre de rente nominatif revêtu d'une cote d'inventaire, jusqu'au moment où la mutation de l'inscription a été opérée.

231. — Les titres de rente peuvent être déposés par les titulaires eux-mêmes à la Caisse des dépôts et consignations, moyennant un droit de garde (Loi du 22 juillet 1875, décret du 15 décembre 1875 et arrêté du 22 mai 1890).

231 *bis*. — Les Caisses d'épargne ne sont tenues à aucune responsabilité à raison des fluctuations qui peuvent se produire sur les rentes achetées aux déposants soit sur leur demande, soit d'office (Voir le chapitre *Comptes dépassant le maximum légal*).

CHAPITRE XI

TRANSFERTS

232. — On appelle transfert l'opération qui a pour objet de transporter les fonds d'une Caisse d'épargne à une autre.

Les conditions qui régissent le remboursement des fonds au titulaire subsistent après le transfert.

233. — Certaines Caisses d'épargne privées ne donnent pas suite aux demandes de transfert relatives à des livrets conditionnels; mais c'est à tort, selon nous, puisque la loi dit que tout déposant peut faire transférer ses fonds d'une Caisse à une autre (Loi du 5 juin 1835, art. 8. — Lettre du Ministre du commerce du 31 juillet 1886).

234. — En cas de décès du titulaire ou de cession du montant d'un livret, le transfert peut avoir lieu si les héritiers ou cessionnaires ont justifié de leurs droits et qualités (Voir les chapitres *Cession de livrets* et *Remboursements après décès*) auprès de la Caisse d'épargne dépositaire, et fait ouvrir par cette Caisse un livret à leur nom, soit collectivement et par indivis, soit séparément, dans la proportion déterminée par les actes de partage ou de cession.

235. — Les livrets atteints par la déchéance trentenaire ne peuvent être transférés (Voir le chapitre *Prescription ou déchéance trentenaire*); il en est de même de ceux qui sont frappés d'opposition (Voir le chapitre *Oppositions*).

236. — La demande de transfert ne peut être admise que pour la totalité des fonds déposés, à quelque somme qu'elle s'élève. Si le montant du livret transféré dépasse le maximum légal, la Caisse d'épargne destinataire invite immédiatement le titulaire à ramener son compte au-dessous de ce maximum, soit par un remboursement en espèces, soit par un achat de rente (Voir le chapitre *Comptes dépassant le maximum légal*).

237. — Le titulaire du livret doit signer lui-même la demande de transfert, s'il est majeur et maître de ses droits.

S'il s'agit d'une femme mariée, la signature du mari est nécessaire, à moins que les fonds n'aient été versés sans l'assistance de ce dernier, ou que l'intéressée ne soit séparée de biens contractuellement ou judiciairement.

S'il s'agit d'une fille majeure ou mineure qui s'est mariée ou d'une veuve qui s'est remariée depuis l'ouverture du livret à transférer, le mari doit intervenir par sa signature à la demande de transfert (Voir le chapitre *Femmes*).

Quant au mineur qui s'est fait ouvrir son livret sans l'assistance de son représentant légal, il peut signer seul la demande de transfert, mais seulement après seize ans révolus.

Le mineur émancipé a le droit de faire transférer son compte d'épargne sans l'assistance de son curateur.

238. — La demande de transfert est signée par le tuteur si le déposant est interdit, et par l'administrateur provisoire si le déposant est aliéné interné non interdit.

Le déposant placé sous l'autorité d'un conseil judiciaire n'a pas besoin d'être assisté de son conseil pour faire transférer son livret, en raison de ce qu'il n'en reçoit pas le montant.

Lorsqu'il s'agit d'enfants de troupe ou de condamnés militaires présents au corps, les demandes de transfert doivent émaner du conseil d'administration du régiment.

239. — La femme mariée séparée de corps et de biens par jugement, et ayant la garde de ses enfants mineurs, est apte à demander le transfert de leur compte d'épargne.

240. — Les transferts d'une Caisse d'épargne privée à une autre Caisse d'épargne privée n'interrompent pas le service des intérêts; ceux-ci ne sont suspendus pendant une quinzaine que lorsque le transfert a lieu de la Caisse nationale d'épargne à une Caisse d'épargne privée et réciproquement.

241. — Les percepteurs ne sont pas autorisés à prêter leur intermédiaire aux Caisses d'épargne privées pour le transfert des livrets.

1° *Transfert de fonds d'une Caisse d'épargne privée à une autre Caisse d'épargne privée.*

242. — Tout titulaire d'un livret de Caisse d'épargne privée qui désire transférer ses fonds à une autre Caisse d'épargne privée remplit en double expédition une demande de transfert (modèle S), qu'il signe; il appose également sa signature sur une formule dite *avis de virement*.

S'il ne sait on ne peut signer, la demande est faite par déclaration verbale devant le maire (modèle T).

A la demande de transfert le déposant doit joindre son livret, en échange duquel il reçoit un *bulletin de virement* (modèle U), si son compte est réglé immédiatement, pour lui servir à retirer le nouveau livret. Si le compte n'est pas réglé séance tenante, un bulletin de dépôt est délivré provisoirement au titulaire. Ultérieurement, un bulletin de virement lui est remis contre la restitution du bulletin de dépôt.

243. — Le bulletin de virement ne mentionne que le nom du titulaire. L'intéressé doit éviter d'y porter tous autres renseignements concernant son état civil et surtout s'abstenir d'y faire figurer sa signature, afin que, dans le cas où cette pièce viendrait à s'égarer ou à être dérobée, la personne qui l'aurait trouvée ou soustraite ne puisse s'en servir pour se faire remettre le nouveau livret.

244. — Lorsque le déposant sollicite le transfert de ses fonds après avoir changé de résidence, il remplit, en double expédition, une demande spéciale (modèle V) qu'il signe et fait légaliser par le maire.

S'il ne sait ou ne peut signer, la demande est faite par déclaration verbale devant le maire.

Les deux expéditions de la demande sont adressées sous enveloppe fermée et affranchie au directeur de la Caisse d'épargne privée qui détient les fonds. Le livret doit être envoyé en même temps, mais il n'est pas nécessaire qu'il soit annexé à la demande de transfert. Par suite, il est préférable de l'expédier isolément, au titre de papiers d'affaires, pour n'acquitter qu'une taxe d'affranchissement de 10 centimes environ.

Un accusé de réception est adressé au déposant de sa demande de transfert. Cet accusé de réception est transmis aux frais du destinataire. Il tient lieu du *bulletin de virement* dont il est parlé ci-dessus et, de même que sur ce *bulletin*, le déposant a intérêt à n'y porter aucune indication propre à établir son identité.

245. — Le transfert des titres de rente conservés en dépôt par les Caisses d'épargne privées est facultatif; le titulaire a le choix de retirer les inscriptions ou de les faire transférer en même temps que les fonds inscrits à son livret.

246. — Le déposant, pour entrer en possession de son nouveau livret, doit remettre le bulletin de virement (modèle U) ou l'accusé de réception qui lui a été délivré par l'ancienne Caisse d'épargne, déclarer ses nom, prénoms, âge et profession, sa précédente et sa nouvelle demeure, et, s'il sait signer, apposer sa signature sur le registre matricule.

Lorsque ses déclarations ne sont pas conformes aux renseignements fournis par l'ancienne Caisse d'épargne, le déposant peut être tenu de produire des pièces d'identité ou de faire la preuve de son droit de propriété.

2° *Transfert de fonds d'une Caisse d'épargne privée à la Caisse nationale d'épargne.*

247. — Le titulaire d'un livret de Caisse d'épargne privée qui veut transférer ses dépôts à la Caisse nationale d'épargne remplit, à cet effet, en double expédition, une demande de transfert (modèle X) qui lui est remise gratuitement par le receveur des postes.

Il fait légaliser sans frais sa signature qu'il appose sur cette demande, savoir : 1° en France et en Algérie, par le maire de sa résidence; 2° en Tunisie, par le chancelier du consulat général de France, ou par le vice-consul ou l'agent relevant du consulat général.

Si le déposant ne sait pas signer, il fait, en présence de deux témoins et par-devant l'autorité compétente pour légaliser les signatures, une déclaration verbale qui est recueillie sur une formule spéciale (modèle Y).

248. — Le déposant remet au bureau de poste les deux expéditions de la demande de transfert avec le livret de la Caisse d'épargne privée; en outre, il rédige ou fait rédiger par le receveur des postes une demande de livret (modèle A ou B) dans laquelle les mots : ... *qui devra contenir le versement de la somme de...* sont biffés et remplacés par la mention suivante : ... *qui devra contenir la somme à provenir de la Caisse d'épargne privée de... à la suite de la demande de transfert de mon livret numéro... déposée ce jour.*

Si le déposant effectue en même temps un versement en numéraire ou en bulletins d'épargne (Voir le chapitre *Caisses d'épargne scolaires*), la demande de livret doit contenir, en premier lieu, l'énonciation de la somme ainsi versée.

Il est délivré au titulaire, pour constater le dépôt de son livret de Caisse d'épargne privée, une quittance extraite d'un registre à souche.

249. — Dans un délai d'environ trois jours, un livret de la Caisse nationale d'épargne est remis au déposant, sans indication de somme, si aucun versement en espèces n'a été opéré au moment de la remise de la demande de transfert, afin de lui permettre d'effectuer des dépôts sans attendre l'accomplissement du transfert.

250. — Il peut arriver que la Caisse d'épargne privée refuse, pour un motif quelconque, d'effectuer le transfert ou que la Caisse nationale d'épargne le refuse elle-même, comme, par exemple, quand les dépôts ont été soumis à des conditions particulières de remboursement autres que celles admises par le décret du 31 août 1881 (Voir les chapitres *Majeurs, Mineurs, Femmes mariées*); dans les deux cas, le livret de la Caisse d'épargne privée est rendu au déposant contre décharge donnée par lui au bas de l'une des expéditions de la demande de transfert; le livret ouvert par la Caisse nationale d'épargne est restitué par l'intéressé. Toutefois ce dernier livret est laissé aux mains du titulaire, lorsqu'il a reçu l'inscription d'un ou plusieurs versements; mais alors le déposant est invité à demander immédiatement le remboursement soit de son compte à la Caisse d'épargne nationale, soit de son compte à la Caisse d'épargne privée. Il s'exposerait, en laissant subsister simultanément les deux comptes, à perdre les intérêts produits par totalité de ses dépôts (Voir le chapitre *Pénalités applicables aux titulaires de plusieurs livrets*).

3° *Transfert de fonds de la Caisse nationale d'épargne à une Caisse d'épargne privée.*

251. — Lorsque le titulaire d'un livret de la Caisse nationale d'épargne veut transférer ses fonds à une Caisse d'épargne privée, il établit ou fait établir, en double expédition, une demande de transfert (modèle X ou Y), en ayant soin : 1° d'y indiquer la date et le lieu de sa naissance; 2° de remplacer les mots : *Caisse d'épargne privée* par : *Caisse nationale d'épargne* et vice versa; *Receveur des postes par : Caissier de la Caisse d'épargne privée* et vice versa; 3° de supprimer les mots : *instituée par la loi du 9 avril* 1881.

Il dépose au bureau de poste les deux expéditions de la demande de transfert, le livret à transférer et une demande de remboursement intégral (modèle Q).

252. — En échange des pièces ci-dessus, le receveur des postes délivre un bulletin de dépôt à l'intéressé, que celui-ci doit faire parvenir au caissier de la Caisse d'épargne privée afin que ledit caissier puisse obtenir la remise des fonds.

253. — Le receveur des postes fait acquitter l'autorisation de remboursement intégral par le caissier de la Caisse d'épargne privée, à qui les fonds sont versés en échange du bulletin de dépôt visé ci-dessus.

La Caisse d'épargne privée ouvre alors et remet ensuite un nouveau livret au déposant.

254. — Lorsque la Caisse d'épargne privée refuse le transfert ou lorsqu'elle ne fait pas toucher les fonds dans un délai d'un mois, le

livret de la Caisse nationale d'épargne est rendu au titulaire par le receveur des postes, contre la restitution du bulletin de dépôt.

4° *Transfert d'un livret belge en un livret de la Caisse nationale d'épargne.*

255. — Les transferts franco-belges ont lieu dans la limite du maximum de 2000 francs.

Les livrets émis par la Caisse générale d'épargne et de retraite de Belgique ne sont transférés en une seule fois à la Caisse nationale d'épargne de France qu'autant qu'ils n'excèdent pas ce chiffre.

256. — Lorsqu'un livret belge à transférer comporte un actif supérieur, le déposant peut formuler une première demande de transfert jusqu'à concurrence de 2 000 francs. Dans ce cas, après accomplissement du transfert partiel, le déposant est remis en possession de son livret belge portant déduction du montant de la somme transférée.

Le reliquat de ce livret peut être transféré ultérieurement, à la condition que cette deuxième opération n'ait pas pour effet d'élever l'actif disponible du livret français au delà du maximum de 2 000 francs.

Le reliquat peut encore être remis en espèces au déposant sous forme de remboursement intégral.

257. — Il résulte de ce qui précède que les déposants, sans acception de nationalité, ont la faculté de posséder en même temps un livret de la Caisse nationale d'épargne de France et un livret émis par la Caisse générale d'épargne et de retraite de Belgique.

258. — Le titulaire d'un livret de la Caisse générale d'épargne et de retraite de Belgique, qui se présente dans un bureau de poste français pour réclamer la conversion de son livret belge en un livret de la Caisse nationale d'épargne de France, doit, au préalable, justifier de son identité (§ 63). Il rédige ensuite une demande de transfert international (n° 34 *bis*), en triple expédition, qu'il remet, avec le livret à transférer, au receveur des postes, lequel lui délivre, en échange, une quittance extraite d'un registre à souche, indiquant le numéro et le montant du livret.

259. — Le livret émis par la Caisse nationale d'épargne, à la suite du dépôt d'une demande de transfert international, est remis au titulaire, dans un délai de dix jours, contre la restitution du récipissé à lui délivré lors du dépôt de son ancien livret.

5° *Transfert d'un livret de la Caisse nationale d'épargne de France en un livret belge.*

260. — Le titulaire d'un livret de la Caisse nationale d'épargne de France résidant en Belgique qui désire obtenir le transfert de ses fonds à la Caisse générale d'épargne et de retraite de Belgique doit se rendre à un bureau de perception des postes, à la Caisse générale d'épargne ou à une de ses agences; après avoir justifié de son identité au moyen de l'une des pièces énumérées au paragraphe 63, il souscrit, en triple expédition, une demande de transfert énonçant ses nom et prénoms, le lieu et la date de sa naissance, sa profession et son domicile. Il dépose ensuite son livret contre un récépissé qui lui sert de titre transitoire.

261. — Un avis est envoyé à l'intéressé pour le prévenir de l'émission du nouveau livret, lequel lui est ensuite remis en échange du récépissé qui lui a été délivré lors du dépôt de son ancien titre.

Le nouveau livret est tenu à la disposition du titulaire au plus tard dix jours après la date de la demande de transfert.

CHAPITRE XII

CHANGEMENT DE SÉRIE DES LIVRETS DE LA CAISSE NATIONALE D'ÉPARGNE

262. — Le titulaire d'un livret de la Caisse nationale d'épargne qui réside en permanence dans un autre département que celui où son titre a été émis a intérêt à faire transférer son livret dans la série du département où il habite.

L'avantage de ce changement est surtout manifeste lorsque le département de sa résidence possède une succursale ou lorsque ce département est rattaché à une succursale de la Caisse nationale d'épargne : le déposant peut alors obtenir dans un plus bref délai le retrait partiel ou total de ses fonds.

Le changement de série a lieu sans frais et sans perte d'intérêts.

Pour échanger son livret, le déposant rédige ou fait rédiger par le receveur des postes une demande de changement de série numéro 56, en double expédition, qu'il remet, avec le livret à échanger, au receveur des postes, qui lui en délivre un récépissé.

Le déposant peut effectuer en même temps un versement en numéraire ou en bulletins d'épargne (Voir le chapitre *Caisses d'épargne scolaires*), dont il indique le montant sur la demande de changement de série.

263. — Si le déposant est un mineur âgé de moins de seize ans ou qui, âgé de plus de seize ans, a fait ses dépôts avec l'assistance de son représentant légal, la signature de ce dernier est nécessaire (Voir le chapitre *Mineurs*). S'il s'agit d'une femme mariée, la signature du mari est exigée, à moins que les fonds n'aient été déposés sans l'assistance de ce dernier (Voir le chapitre *Femmes*). S'il s'agit d'une fille majeure ou mineure qui s'est mariée depuis la délivrance de son livret d'épargne, le mari intervient également par sa signature à la demande de changement de série.

Le mineur émancipé peut demander le changement de série de son livret sans l'assistance de son curateur; le déposant placé sous l'autorité d'un conseil judiciaire peut également agir, dans la même circonstance, sans le concours de son conseil. La demande de changement de série est signée par le tuteur si le déposant est interdit, et par l'administrateur provisoire si le déposant est aliéné interné non interdit.

Si l'intéressé ne sait ou ne peut signer, la demande de changement de série est annotée en conséquence par le receveur des postes.

264. — Dès la réception du nouveau livret, le receveur des postes le fait parvenir à l'intéressé, si celui-ci en a réclamé la remise à domicile; dans le cas contraire, le déposant doit le retirer au bureau de poste.

Que la remise du livret soit opérée à domicile ou au bureau de poste, elle n'a lieu qu'en échange du récépissé délivré au titulaire lors du dépôt du livret primitif.

265. — Les conditions qui régissent le remboursement des fonds subsistent après le changement de série des livrets.

CHAPITRE XIII

COMPTES DÉPASSANT LE MAXIMUM LÉGAL

266. — Le compte ouvert à chaque déposant ne peut excéder le chiffre de 2000 francs versés en une ou plusieurs fois (Loi du 9 avril 1881, art. 9).

Dès qu'un compte d'épargne dépasse ce chiffre, par les versements et la capitalisation des intérêts, le déposant est invité, au moyen d'un avis soumis à la formalité du chargement, à ramener son avoir au-dessous du maximum légal, soit par un remboursement en espèces, soit par un achat de rente (Voir le chapitre *Rentes*).

Cet avis est adressé sans frais par la Caisse nationale d'épargne.

Quelques Caisses d'épargne privées font supporter à leurs déposants le coût de la recommandation dudit avis, soit 40 centimes.

267. — Si dans les trois mois qui suivent cet avis le déposant n'a pas réduit son avoir, il lui est fait, sans autres frais que le droit de timbre sur les opérations de bourse édicté par la loi du 28 avril 1893, un achat de rente d'office pour son compte.

Cet achat est effectué lors même que l'avis n'a pu être remis au déposant ou à ses ayants droit pour une cause quelconque ; il n'a pas lieu seulement lorsque le compte d'épargne est frappé d'opposition (Voir le chapitre *Oppositions*).

L'intérêt cesse de courir sur la portion du compte excédant 2000 francs à partir du 1 ou du 16 qui précède la date de l'avis jusqu'au jour de la réduction.

268. — Le montant de l'achat de rente d'office est fixé à 20 francs.

Pour les sociétés admises à verser jusqu'à 8000 francs, le montant de l'achat de rente d'office est porté à 100 francs.

269. — Lorsque le compte d'une fabrique paroissiale excède le maximum de 8000 francs, la Caisse d'épargne peut acheter pour cet

établissement une rente sur l'État, mais elle doit donner avis de cet achat au préfet, afin qu'il puisse soit autoriser lui-même par un arrêté l'immatriculation, au nom de la fabrique, de la rente acquise, soit provoquer un décret dans le même sens (Ordonnance du 16 janvier 1831, art. 1er; décret du 13 avril 1861 et décision ministérielle du 24 juillet-4 août 1877).

270. — Les rentes achetées d'office sont exclusivement nominatives.

Les achats sont faits en rentes 3 1/2 pour 0/0 lorsque le cours est au-dessous du pair, et, dans le cas contraire, en rentes 3 pour 0/0 perpétuel.

271. — Les titres de rente achetés d'office sont traités de la même manière que les titres acquis sur la demande des déposants, en ce qui concerne leur remise aux intéressés et l'inscription de leur coût sur les livrets.

Lorsque les titulaires n'en prennent pas livraison, la Caisse nationale d'épargne en confie la garde à la Caisse des dépôts et consignations; les Caisses d'épargne privées les conservent dans leur portefeuille.

CHAPITRE XIV

CAISSES D'ÉPARGNE SCOLAIRES

1° *Caisses d'épargne scolaires rattachées aux Caisses d'épargne privées.*

272. — Les versements effectués par les élèves sont reçus par l'instituteur une fois par semaine.

Les sommes versées par chaque élève sont immédiatement inscrites par l'instituteur : 1° sur un registre; 2° sur une feuille volante au nom de l'élève.

L'instituteur a la garde du registre où sont constatés les dépôts provisoires qu'il a reçus, ce qui permettrait de reconstituer le livret de l'élève, au cas où il viendrait a été adiré ou détruit, ou mis hors d'usage.

La feuille volante constitue le titre des dépôts de l'élève : elle reste aux mains de celui-ci.

273. — La somme versée par chaque élève doit être de 5 centimes au minimum.

Quand le compte d'un ou de plusieurs élèves atteint 1 franc, les fonds sont déposés par les soins de l'instituteur à la Caisse d'épargne privée ou à l'une de ses succursales.

A l'appui du dépôt, l'instituteur présente deux bordereaux distincts, certifiés exacts, indiquant : l'un, les sommes versées au nom des élèves n'ayant pas encore de compte ouvert à la Caisse d'épargne privée; l'autre, les sommes versées au nom des élèves déjà titulaires d'un livret.

Ces bordereaux ne doivent présenter que des sommes en francs, sans centimes.

Au premier de ces bordereaux, l'instituteur annexe, pour chaque élève qui n'a pas encore de livret, une formule portant : 1° les nom et prénoms du titulaire; 2° le lieu et la date de sa naissance; 3° la signature du titulaire et celle de son représentant légal.

Le second bordereau est accompagné des livrets ouverts au nom des intéressés.

Les premiers dépôts donnent lieu à l'émission de livrets individuels au nom de chaque partie versante.

Les dépôts postérieurs au premier sont inscrits sur les livrets déjà ouverts.

Du moment où la Caisse d'épargne privée a pris en charge les sommes versées, sa responsabilité est substituée à celle de l'instituteur pour la gestion des fonds.

Les livrets ouverts ou à ouvrir sont remis séance tenante ou envoyés ultérieurement à l'instituteur, qui les communique aux élèves.

274. — Les livrets ouverts aux élèves dans ces conditions par les Caisses d'épargne privées ne bénéficient pas des dispositions de l'article 6 de la loi du 9 avril 1881; les intéressés ne peuvent en toucher le montant avant leur majorité, sans l'assistance de leur représentant légal (Voir le chapitre *Mineurs*).

275. — Lorsqu'un élève vient à quitter l'école et que son compte d'épargne scolaire présente l'inscription de dépôts provisoires qui, en raison de leur faible importance, n'ont pu être confiés à la Caisse d'épargne privée, le montant en est remis, contre reçu, au représentant légal[1].

2° *Caisses d'épargne scolaires rattachées à la Caisse nationale d'épargne.*

276. — Toute personne qui, sans être en mesure d'opérer le versement minimum de 1 franc pour obtenir un livret de la Caisse nationale d'épargne, désire se créer des économies, peut arriver à ce résultat en achetant et en collant des timbres-poste de 5 ou de 10 centimes sur des formules dites bulletins d'épargne, munies de vingt cases (modèle Z).

Lorsque les cases contiennent soit 10 timbres de 10 centimes, soit 20 timbres de 5 centimes, soit un certain nombre de timbres de 5 et de 10 centimes représentant la valeur de 1 franc, le bulletin d'épargne peut être remis dans n'importe quel bureau de poste de France,

1. La méthode exposée ci-dessus a été formulée et établie en France, en 1874, par M. A. de Malarce, auteur du *Manuel des Caisses d'épargne scolaires*.

d'Algérie, de Tunisie ou de la principauté de Monaco, où il est reçu comme numéraire, pourvu que les timbres ne soient ni altérés, ni maculés, ni déchirés.

277. — Quand le porteur du bulletin est déjà titulaire d'un livret de la Caisse nationale d'épargne, le versement de 1 franc y est constaté.

S'il n'a pas de livret, il lui est délivré en échange une quittance extraite d'un registre à souche, contre la restitution de laquelle un livret à son nom lui est remis dans un délai de trois jours environ. Dans ce cas, le déposant doit, au moment où il dépose le bulletin d'épargne, souscrire une demande de livret (Voir le chapitre *Premiers versements*).

278. — Chaque bulletin d'épargne ne peut, en aucun cas, être supérieur à 1 franc.

Si la valeur totale des timbres-poste appliqués dépasse 1 franc, le receveur des postes détache et rend au déposant les figurines représentant l'excédent. Il est alors loisible à la partie versante d'appliquer sur un nouveau bulletin les timbres-poste qui lui sont rendus.

279. — Les formules de bulletins d'épargne sont délivrées gratuitement dans chaque bureau de poste à toute personne qui en fait la demande, sans qu'elle ait à fournir aucune justification ou à donner aucun reçu.

Il peut en être délivré dix exemplaires à la fois à la même personne.

280. — Un même déposant ne peut verser plus de 10 francs par mois au moyen de bulletins d'épargne.

281. — Les Caisses d'épargne scolaires trouvent dans l'application des dispositions qui précèdent de grandes facilités pour leur fonctionnement.

Ces dispositions ne donnent lieu à aucune opération de comptabilité : l'instituteur n'a qu'à se munir, suivant les besoins présumés, de timbres-poste à 5 et à 10 centimes, dont il recouvre le montant au fur et à mesure qu'il fournit ces figurines aux élèves, qui les collent sur des bulletins d'épargne à leur nom.

282. — Au moment choisi par l'instituteur pour l'exercice de l'épargne, il remet à chaque élève qui en fait la demande une formule de bulletin d'épargne sur laquelle les nom et prénoms de l'enfant sont immédiatement inscrits.

Il livre, contre payement, à tout élève à qui un bulletin vient d'être remis, ou qui en avait reçu un antérieurement, les timbres-poste destinés à consolider ses menues économies, et il s'assure que ces timbres sont immédiatement collés sur le bulletin[1].

1. Ce mode de versements est admis par quelques Caisses d'épargne privées qui ont créé, à cet effet, des timbres-épargne spéciaux.

283. — Les bulletins revêtus de timbres-poste pour la valeur de 1 franc sont centralisés par l'instituteur qui les fait parvenir au bureau de poste comme il va être dit plus loin, soit directement, soit par l'intermédiaire du facteur des postes qui dessert l'école.

284. — Si le titulaire d'un bulletin d'épargne ne possède pas encore de livret de la Caisse nationale d'épargne, l'instituteur lui fait remplir ou remplit pour lui une demande de livret en double expédition (modèle A ou B).

Aux renseignements complémentaires prévus dans le texte de cette formule, l'élève indique les nom et prénoms de son représentant légal (Voir le chapitre *Mineurs*, § 452).

En outre, si le bénéficiaire veut se réserver pour l'époque où il aura seize ans révolus la faculté d'obtenir des remboursements sur sa seule signature, c'est-à-dire sans l'assistance de son représentant légal, la demande de livret doit recevoir, à la suite de l'indication de la tutelle, les mentions suivantes : 1° *Versement direct, en vertu de l'article* 6 *de la loi du* 9 *avril* 1881 ; 2° *aura seize ans le* (date).

La demande de livret est ensuite signée par l'élève.

Lorsque l'enfant ne peut ou ne sait écrire, la demande de livret est remplie et signée par l'instituteur qui, dans ce cas, déclare agir en qualité de *mandataire*.

285. — Les demandes de livret et les bulletins d'épargne y afférents, ainsi que les livrets destinés à recevoir l'inscription des versements postérieurs au premier, effectués en bulletins d'épargne, sont déposés au bureau de poste, soit par l'instituteur lui-même, soit par un tiers quelconque.

286. — Le receveur des postes délivre à l'instituteur, pour chaque bulletin d'épargne au nom d'un élève n'ayant pas encore de compte ouvert à la Caisse nationale d'épargne, une quittance provisoire extraite d'un registre à souche, échangeable contre un livret dans un délai de trois jours environ.

Quant aux livrets à l'appui desquels sont présentés des versements ultérieurs en bulletins d'épargne, ils sont immédiatement rendus à l'instituteur après l'apposition d'un timbre-épargne à souche représentant le montant du dépôt.

287. — L'école dans laquelle fonctionne une Caisse d'épargne scolaire peut, lorsqu'elle est située dans une commune dépourvue d'une recette de poste, effectuer ses opérations d'épargne par l'entremise du facteur qui dessert cette commune.

Le facteur se présente obligatoirement à l'école à certains jours fixés d'avance, afin d'approvisionner l'instituteur de timbres-poste, de formules de bulletins d'épargne, de demandes de livret et de relevés numéro 102, dont l'emploi est indiqué ci-dessous.

Il reçoit des mains de l'instituteur et remet au receveur des postes, à la fin de sa tournée, les bulletins d'épargne appartenant aux élèves ainsi que les livrets sur lesquels les versements en timbres-poste doivent être constatés.

Ces bulletins et ces livrets, ainsi que les demandes de livret à l'appui des premiers versements, sont décrits à l'avance par l'instituteur sur un relevé numéro 102 établi en double expédition.

L'une des expéditions est remise au facteur avec les pièces y mentionnées; l'autre expédition, signée par le facteur, reste entre les mains de l'instituteur et lui sert à contrôler l'exécution des opérations d'épargne confiées au facteur.

Dès le lendemain, celui-ci remet à l'instituteur les quittances provisoires délivrées par le receveur des postes en échange des sommes encaissées en bulletins d'épargne à titre de premiers versements; ces quittances sont échangées dans un délai de trois jours environ contre les livrets. Il lui remet également, dès le lendemain, les livrets sur lesquels ont été constatés les versements ultérieurs.

Grâce à ces dispositions, les Caisses d'épargne scolaires des établissements ruraux peuvent fonctionner sans déplacement pour les instituteurs.

288. — Dans les localités pourvues d'un bureau de poste les facteurs ne sont pas tenus de prêter leur intermédiaire pour les opérations des Caisses d'épargne scolaires.

CHAPITRE XV

INTÉRÊTS

289. — L'intérêt servi par la Caisse nationale d'épargne à ses déposants a été fixé pour l'année 1894 à 2 fr. 75 pour 0/0.

L'intérêt servi par les Caisses d'épargne privées n'est pas uniforme; il ne nous est donc pas possible d'en indiquer le taux.

290. — Parmi les clients des Caisses d'épargne, il en est un assez grand nombre qui croient que les intérêts partent du jour du dépôt des fonds et qu'ils sont dus jusqu'à la date du remboursement des mêmes fonds.

Il n'en est pas ainsi.

L'intérêt servi aux déposants part du 1er ou du 16 de chaque mois après le jour du versement; il cesse de courir à partir du 1er ou du 16 qui a précédé le jour du remboursement (Loi du 9 avril 1881, art. 3).

En d'autres termes, si le versement a lieu du 1er au 15, l'intérêt ne part que du 16; si le versement a lieu du 16 au 30, l'intérêt ne court qu'à partir du 1er du mois suivant. Pour les sommes remboursées, si le retrait est opéré du 2 au 16, l'intérêt cesse de courir à partir du 1er; il cesse de courir à partir du 16, s'il est effectué du 17 au 1er du mois suivant.

L'intérêt est arrêté de la même manière pour les achats de rente.

Au 31 décembre de chaque année, l'intérêt acquis s'ajoute au capital et devient lui-même productif d'intérêts.

Les fractions de franc ne produisent pas d'intérêts.

291. — La remise des livrets n'est pas de rigueur pour la capitalisation des intérêts acquis en fin d'année; toutefois nous ne saurions trop engager les déposants à se prêter à cette opération, qui a l'avantage de faire disparaître les divergences pouvant exister entre les livrets et les comptes courants individuels.

Les Caisses d'épargne attachent une grande importance au règlement des livrets, qu'elles considèrent comme tutélaire pour leur responsabilité, parce qu'il leur permet de s'assurer de la régularité et de la sincérité des dépôts et des retraits de fonds qui y sont mentionnés (Voir le chapitre *Enquêtes générales*).

292. — Les livrets déposés pour être soumis à la formalité du règlement des intérêts donnent lieu à la délivrance d'un récépissé quand l'opération n'est pas effectuée séance tenante.

293. — Les déposants à la Caisse nationale d'épargne peuvent obtenir, sur la seule présentation de ce récépissé, des remboursements jusqu'à concurrence de la totalité de leur avoir, moins 1 franc; ils ne doivent donc pas hésiter à se dessaisir momentanément de leur livret.

294. — Afin d'éviter l'encombrement qui se produirait si tous les livrets étaient envoyés en règlement dès le renouvellement de l'année, la Caisse nationale d'épargne recommande à ses clients, par une mention inscrite au bas de la première page de chaque livret, de déposer le titre de préférence à l'époque anniversaire de l'émission. Cette recommandation n'a rien d'absolu et tout livret peut être déposé pour règlement à n'importe quelle époque de l'année[1].

295. — Les livrets soit de la Caisse nationale d'épargne, soit des Caisses d'épargne privées, ne peuvent être déposés pour règlement dans le cours de l'année où ils ont été ouverts; ce dépôt doit avoir lieu seulement dans les premiers mois de l'année suivante.

296. — Le titulaire d'un livret de la Caisse nationale d'épargne de France qui, se trouvant en Belgique, veut faire régler son livret, le dépose contre un reçu dans un bureau de poste de ce pays.

Son titre lui est ultérieurement remis, sans frais, dûment réglé.

297. — Les titulaires de livrets émis par la Caisse générale d'épargne et de retraite de Belgique, résidant en France, peuvent déposer ces livrets pour règlement dans n'importe quel bureau de poste français.

La même faculté leur est accordée pour l'envoi des livrets d'épargne et des carnets de rentes belges, à l'occasion de l'inscription semestrielle par l'office belge des arrérages de rentes échus.

Le dépôt est constaté par la remise d'un récépissé au titulaire.

298. — Les livrets émis par la Caisse générale d'épargne et de retraite de Belgique doivent, obligatoirement, être réglés chaque année en capital et en intérêts.

1. Toutefois les déposants à la Caisse nationale d'épargne doivent éviter, autant que possible, de déposer leurs livrets pour le règlement annuel des intérêts du 16 décembre au 28 février, période pendant laquelle a lieu l'inventaire des comptes courants.

CHAPITRE XVI

ENQUÊTES GÉNÉRALES

299. — La loi n'oblige pas les titulaires à communiquer leur livret pour inscription des intérêts acquis (Voir le chapitre *Intérêts*); cependant la Caisse nationale d'épargne n'a la possibilité de contrôler efficacement l'exactitude des opérations effectuées par les déposants que lorsqu'elle a les livrets sous les yeux.

C'est pourquoi elle fait procéder, à des époques et dans des circonscriptions indéterminées, à l'appel des livrets, pour en examiner les inscriptions.

Les vérifications exercées sous cette forme sont dénommées: *enquêtes générales.*

300. — Ces enquêtes ont, à leur création, alarmé quelques déposants et éveillé chez le plus grand nombre une curiosité inquiète; il faut n'y voir qu'une mesure de surveillance ayant pour but de prévenir les fraudes et les négligences et aussi de maintenir les livrets en accord avec les comptes courants individuels.

Nous croyons devoir rappeler, à ce propos, que la mauvaise gestion ou l'indélicatesse des comptables — faits très rares, du reste — ne peut causer aucun préjudice aux déposants et que l'État garantit toutes les opérations régulièrement décrites sur les livrets.

301. — La Caisse nationale d'épargne, en faisant procéder de temps à autre à la vérification des livrets, agit autant dans l'intérêt des titulaires que dans l'intérêt du Trésor; aussi engageons-nous vivement les déposants à se dessaisir de leur titre toutes les fois qu'il leur est demandé en communication par les agents du contrôle.

Ils peuvent, d'ailleurs, pendant l'examen de leur livret, obtenir le remboursement total de leur compte, moins 1 franc, sur la seule présentation du bulletin de dépôt qui leur est délivré en échange de leur titre.

CHAPITRE XVII

LIVRETS PERDUS, DÉTENUS PAR DES TIERS, ENTIÈREMENT REMPLIS OU HORS D'USAGE.

1° *Livrets perdus.*

302. — Il est de l'intérêt du déposant de prévenir immédiatement la Caisse d'épargne de la disparition de son livret, pour que toute demande de remboursement puisse être refusée jusqu'à ce que le titre ait été retrouvé ou remplacé[1].

Les Caisses d'épargne déclinent toute responsabilité au sujet de payements faits sur faux acquits, si elles n'ont pas été avisées en temps utile de la perte ou de la soustraction du livret.

303. — La déclaration de perte doit contenir, à défaut du numéro du livret, la date au moins approximative et le montant du premier versement, ainsi que toutes autres indications de nature à faciliter les recherches.

Cette déclaration doit être signée par le représentant légal, lorsqu'il s'agit d'un mineur âgé de moins de seize ans, ou qui, âgé de plus de seize ans, n'a pas versé directement les fonds.

S'il s'agit d'une femme mariée, la signature du mari est nécessaire, à moins que les fonds n'aient été versés sans l'assistance de ce dernier.

S'il s'agit d'une fille majeure ou mineure qui s'est mariée, ou d'une veuve qui s'est remariée depuis l'ouverture du livret signalé perdu, le le mari doit intervenir par sa signature à la déclaration de perte.

1. Pour les livrets de la Caisse nationale d'épargne, l'avis peut être donné par télégraphe ; à Paris, il peut être adressé par la voie des tubes pneumatiques. Cette précaution ne dispense pas de l'établissement d'une déclaration de perte sur formule spéciale.

Lorsqu'une femme devenue veuve postérieurement à la délivrance de son livret forme une déclaration de perte, elle doit y joindre un certificat de décès ou un extrait de l'acte de décès de son conjoint. Toutefois la production de cette pièce n'est pas exigible au moment de la déclaration de perte.

Le mineur émancipé peut établir la déclaration de perte sans l'assistance de son curateur.

304. — La déclaration de perte est signée par le tuteur lorsque le déposant est interdit et, par l'administrateur provisoire, lorsque le déposant est aliéné interné non interdit.

Le déposant placé sous l'autorité d'un conseil judiciaire n'a pas besoin d'être assisté de son conseil pour former une déclaration de perte de livret.

305. — Toute signature apposée au bas d'une déclaration de perte doit être légalisée par le maire ou le commissaire de police.

306. — Les livrets perdus sont remplacés par des duplicatas ou par de nouveaux titres dans le délai d'un mois à partir de la déclaration de perte.

Le remplacement est fait sans frais par la Caisse nationale d'épargne; quelques Caisses d'épargne privées font supporter au déposant le coût du nouveau titre.

307. — Si le livret primitif vient à être retrouvé, le déposant doit le restituer à la Caisse d'épargne; il en prend l'engagement en signant la déclaration de perte.

308. — Les personnes en possession de livrets trouvés sur la voie publique ne peuvent émettre la prétention de se faire attribuer lesdits livrets en conformité des articles 717 et 2279 du Code civil, ces titres étant nominatifs.

2° *Livrets détenus par des tiers.*

309. — Il appartient au titulaire dont le livret est détenu indûment par un tiers d'en poursuivre la restitution par les voies de droit; les Caisses d'épargne n'ont pas qualité pour intervenir dans les affaires de cette nature qui revêtent le caractère de contestations entre particuliers.

310. — Le tiers détenteur d'un livret donné pour sûreté d'une créance ou pour toute autre cause ne peut mettre obstacle au retrait des fonds qu'au moyen d'une opposition signifiée par ministère d'huissier (Voir le chapitre *Oppositions*). La possession du livret ne lui donne aucun droit au remboursement tant qu'il n'est pas autorisé par décision de justice à recevoir les fonds.

Les Caisses d'épargne sont en droit de ne pas tenir compte d'une défense de payer faite par simple lettre.

311. — L'acte de nantissement, signifié par ministère d'huissier, confère au détenteur du livret le droit de se faire payer sur le gage, après jugement, par privilège et de préférence aux autres créanciers (Code civil, art. 2073, 2074 et 2075).

Toutefois le privilège ne subsiste qu'autant que le gage est resté en la possession du créancier (Code civil, art. 2076).

312. — Le titulaire qui donnerait son livret en nantissement après en avoir majoré le montant par grattage, surcharge ou suppression de feuillets, s'exposerait à des poursuites judiciaires.

3° *Livrets entièrement remplis.*

313. — Lorsqu'un livret est épuisé ou hors d'usage, le titulaire peut en obtenir le remplacement en le déposant dans un bureau de poste, s'il s'agit d'un livret de la Caisse nationale d'épargne, et, dans le cas contraire, en le déposant au siège de la Caisse d'épargne privée.

En échange du livret à remplacer, le déposant reçoit un bulletin de dépôt qui est son titre provisoire, et contre la restitution duquel un nouveau titre lui est remis ultérieurement.

314. — Certaines Caisses d'épargne privées ne remplacent pas les livrets épuisés; elles se bornent à y ajouter de nouvelles feuilles imprimées.

315. — Le remplacement des livrets épuisés ou hors d'usage émis par la Caisse nationale d'épargne a lieu sans frais; quelques Caisses d'épargne privées font supporter à leurs déposants le coût des duplicatas.

CHAPITRE XVIII

PÉNALITÉS APPLICABLES AUX TITULAIRES DE PLUSIEURS LIVRETS

316. — Nul ne peut être titulaire de plus d'un livret à la Caisse nationale d'épargne, sous peine de perdre l'intérêt des sommes inscrites sur le second livret et les livrets de date ultérieure. Si plusieurs livrets ont la même date, la perte de l'intérêt porte sur la totalité des dépôts (Loi du 9 avril 1881, art. 6).

317. — Aucun déposant ne peut avoir plus d'un livret dans la même Caisse d'épargne privée, ou dans des Caisses d'épargne privées différentes, sous peine de perdre l'intérêt produit par la totalité des dépôts constatés sur ces livrets (Loi du 22 juin 1845, art. 5).

La suppression des intérêts porte également sur la totalité des sommes versées, lorsque le déposant est titulaire d'un livret de la Caisse nationale d'épargne et d'un livret de Caisse d'épargne privée[1] (Loi du 9 avril 1881, art. 21).

318. — La pénalité de la suppression des intérêts n'est pas applicable au déposant qui possède à la fois un compte dont les fonds sont disponibles et un compte soumis à des conditions particulières de remboursement, pourvu que le total des sommes déposées ne dépasse pas le maximum de 2 000 francs[2].

1. Il n'est question ici que des Caisses d'épargne françaises.

2. Les livrets conditionnels ouverts par les Caisses d'épargne privées présentent souvent deux colonnes distinctes destinées, l'une aux sommes réservées, c'est-à-dire assujetties à une condition; l'autre aux sommes disponibles, c'est-à-dire versées sans condition de remboursement.

La Caisse nationale d'épargne ouvre, dans la même circonstance, deux livrets : l'un pour les fonds conditionnels, l'autre pour les fonds libres; le second livret est émis sous le numéro *bis* du premier.

319. — Il peut arriver qu'un déposant ignore l'existence de multiples livrets pris à son nom et à son insu par des tiers. Si sa bonne foi est établie, il ne lui est pas fait application des pénalités ci-dessus.

320. — L'interdiction d'avoir plusieurs livrets ne concerne qu'un même déposant. Il peut être délivré autant de titres individuels qu'il y a de personnes composant une même famille, soit le père, la mère et chacun des enfants mineurs ou majeurs.

321. — Chacun des membres d'une société peut posséder un livret à son nom personnel, sans préjudice de sa part dans le livret collectif au nom de la société.

322. — Lorsqu'un déposant est reconnu titulaire d'un livret de la Caisse nationale d'épargne et d'un livret de Caisse d'épargne privée, il est invité à demander le remboursement de l'un de ses comptes d'épargne ou à faire transférer l'un de ces comptes à l'autre; mais on ne peut le contraindre à faire l'une ou l'autre de ces opérations : les Caisses d'épargne ont seulement le droit de supprimer les intérêts et, si le montant des deux livrets réunis excède 2000 francs, d'acheter d'office de la rente au nom du titulaire (Voir le chapitre *Comptes dépassant le maximum légal*).

CHAPITRE XIX

CESSION DE LIVRETS

323. — Le livret d'épargne qui n'a pas été soumis à la condition d'*incessibilité* peut être cédé par le titulaire au profit d'un tiers.

La cession a lieu soit par acte authentique, soit par acte sous seing privé sur papier timbré et enregistré. Elle doit être signifiée par ministère d'huissier (Code civil, art. 1 690).

324. — Le livret cédé est revêtu de la mention suivante : *Cession faite au profit de M. X...* (nom, prénoms et domicile du cessionnaire), *par acte* (authentique ou sous seing privé) *en date du... enregistré à... le... et signifié le..., par M. X..., huissier, à X...*

Le livret est ensuite rendu à l'huissier avec l'original de l'exploit de signification dûment visé.

325. — Le remboursement des fonds inscrits au livret ainsi cédé s'effectue sur la justification de l'identité du cessionnaire, qui, à cet effet, fournit : 1° en cas de cession par acte authentique en minute, une expédition de l'acte de cession ; 2° en cas de cession par acte authentique en brevet ou par acte sous seing privé, l'original de l'acte de cession et de la signification.

Le remboursement des fonds peut encore avoir lieu sur la production d'un certificat de propriété délivré par le notaire qui détient la minute de l'acte de cession.

326. — Il est de principe que les intérêts échus ou à échoir d'un livret d'épargne transporté appartiennent au cessionnaire, à moins d'une réserve expresse du cédant.

327. — Les significations de cession ou transport n'ont d'effet : 1° que pendant cinq années à compter de leur date pour les fonds déposés à la Caisse nationale d'épargne ; 2° que pendant trente années pour les fonds déposés aux Caisses d'épargne privées. Elles doivent être renouvelées avant l'expiration de ces délais sous peine de péremption.

CHAPITRE XX

PROCURATIONS

328. — La procuration ou mandat est un acte par lequel une personne donne à une autre le pouvoir de faire quelque chose en son nom (Code civil, art. 984).

329. — A moins qu'une procuration générale ne soit en dépôt à la Caisse d'épargne, aucun mandataire ne peut retirer des dépôts d'épargne sans être porteur d'un pouvoir spécial, lors même que ce mandataire serait un avoué, un huissier ou tout autre officier ministériel.

330. — Le mandat peut être constitué par écrit sous seing privé (modèle F) ou par acte notarié, en minute ou en brevet.

Les procurations doivent relater exactement les noms et prénoms du mandant et du mandataire, ainsi que le numéro du livret.

331. — Dans toute procuration sous seing privé la signature du mandant doit être légalisée[1].

332. — Pour que la procuration soit passée devant le maire, il faut que le déposant ne puisse ou ne sache signer (modèle G)[2].

333. — Les femmes et les mineurs émancipés peuvent être choisis pour mandataires (Code civil, art. 1990).

Le mari peut prendre sa femme pour mandataire.

1. En ce qui concerne les actes de procuration dressés aux armées ou dans le cours d'un voyage maritime, voir la loi du 9 juin 1893, appendice V.

2. Le maire doit avoir soin de s'assurer de l'identité du mandant et du mandataire; au besoin, il doit recourir au témoignage de commerçants patentés. Dans le cas où il n'aurait pas pris cette dernière précaution et où la certification d'identité serait reconnue fausse, il pourrait être rendu pécuniairement responsable du préjudice causé soit à la Caisse d'épargne, soit au déposant (Voir le jugement du tribunal civil de Langres du 11 mars 1891 dans notre précédent ouvrage : *Le Guide des Caisses d'épargne*).

334. — Les Caisses d'épargne sont valablement déchargées par la signature d'une femme agissant en vertu d'une procuration à laquelle son mari n'est pas intervenu.

335. — La femme qui a effectué des dépôts d'épargne sans l'assistance de son mari peut, sans l'autorisation de ce dernier, donner valablement procuration à un tiers pour opérer des remboursements en ses lieu et place.

336. — Le fait par un déposant de donner une nouvelle procuration a pour effet d'annuler le pouvoir précédemment donné par lui à un autre mandataire (Code civil, art. 2006).

337. — La révocation du mandat signifiée au seul mandataire ne peut être opposée à la Caisse d'épargne qui a remboursé dans l'ignorance de cette révocation (Code civil, art. 2005).

338. — L'effet d'une procuration cesse par la mort, l'interdiction, la déconfiture du mandant ou du mandataire (Code civil, art. 2003).

339. — Les expéditions de procurations établies en minute et les procurations établies en brevet sont rendues aux intéressés, sur leur demande, lorsque le pouvoir est général ou lorsque, sans être général, il n'est pas limité aux opérations d'épargne.

Les procurations sous seing privé sont également rendues aux intéressés, mais par la Caisse nationale d'épargne seulement, lorsqu'elles ne concernent pas exclusivement des opérations d'épargne et qu'elles ont été enregistrées.

Le cas échéant, une copie ou un extrait certifié conforme en est levé pour appuyer les remboursements effectués[1].

1. L'effet d'une procuration donnée par un déposant à la Caisse nationale d'épargne pour l'ensemble de ses opérations d'épargne subsiste après le changement de série du livret.

CHAPITRE XXI

LÉGALISATION

340. — La signature des notaires, autres que ceux du département de la Seine, est légalisée par le président du tribunal civil de l'arrondissement. Elle peut l'être aussi par le juge de paix de leur canton, lorsqu'ils n'exercent pas dans les chefs-lieux de département ou d'arrondissement (Loi des 25 ventôse an XI, art, 28, et 2 mai 1861, art. 1er).

Celle des juges de paix est légalisée par le président du tribunal civil de l'arrondissement dans lequel ils exercent.

Celle du greffier du tribunal ou de la cour par le président du tribunal ou de la cour.

341. — Le maire seul a le droit de légaliser les signatures de ses administrés (Loi du 6 mars 1791). Il doit avoir soin, pour ne pas compromettre sa responsabilité, de s'assurer de l'identité de la personne qui demande que sa signature soit légalisée; au besoin, il doit recourir au témoignage de commerçants patentés, qui attestent connaître le requérant[1].

Les signatures des déposants à la Caisse nationale d'épargne peuvent être certifiées par le commissaire de police (Décret du 31 août 1881, art. 17).

342. — Les procurations sous seing privé produites aux Caisses d'épargne privées doivent être légalisées par le maire; cette formalité peut être remplie par le commissaire de police pour les procurations sous seing privé produites à la Caisse nationale d'épargne[2].

1. Voir le jugement du tribunal civil de Langres du 11 mars 1891 dans [no]tre précédent ouvrage : *Le Guide des Caisses d'épargne.*

2. Pour la légalisation des actes de procuration, de consentement et d'auto[ri]sation dressés aux armées ou dans le cours d'un voyage maritime, voir à [l']appendice V la loi du 9 juin 1893.

343. — Les consuls ont qualité pour légaliser les actes délivrés par les autorités ou fonctionnaires publics de leur arrondissement (Ordonnance du 25 octobre 1833).

La signature des consuls doit être légalisée par le ministre des affaires étrangères ou par les fonctionnaires délégués par lui à cet effet (Ordonnance du 25 octobre 1833, art. 9).

344. — Les actes délivrés en Alsace-Lorraine sont légalisés soit par le président du tribunal, soit par le juge de paix ou son suppléant, en vertu de la convention du 14 juin 1872 passée entre la République Française et l'empire d'Allemagne.

CHAPITRE XXII

OPPOSITIONS

1° *Signification.*

345. — La saisie-arrêt ou opposition est un acte par lequel une personne arrête entre les mains d'un tiers les sommes ou effets appartenant à une autre personne pour faire ordonner que les deniers lui seront remis.

Elle a pour effet d'empêcher que le tiers saisi ne cesse de retenir la chose qu'il doit, au préjudice de l'opposant.

346. — Aux termes de l'article 11 de la loi du 5 juin 1835, les fonds déposés aux Caisses d'épargne peuvent être l'objet d'oppositions ou de saisies-arrêts dans les conditions déterminées par les articles 561 et 569 du code de procédure civile et par le décret du 18 août 1807.

Toutefois, il est fait exception à cette règle pour les dépôts effectués aux Caisses d'épargne privées par les compagnies et chefs d'ateliers au nom de leurs employés et ouvriers qui ont été déclarés insaisissables lors du premier versement (Code de procédure civile, art. 581).

347. — Il est fourni un exploit distinct pour chacun des débiteurs saisis non solidaires, et chaque exploit doit remplir respectivement les conditions de validité requises par la loi.

348. — Aucune opposition n'est acceptée sous forme de simple lettre, même lorsqu'il s'agit d'une opposition mise par le mari ou le représentant légal au retrait des sommes déposées par sa femme ou ses enfants mineurs.

Il est nécessaire que l'existence de l'opposition soit indiscutable et que la date en soit certaine, garanties que présente seule l'opposition signifiée par un officier ministériel.

349. — L'exploit de saisie-arrêt ou d'opposition énonce les noms et qualités du saisissant et de la partie saisie, et la somme pour laquelle l'opposition ou la saisie-arrêt est pratiquée; il doit, en outre, contenir copie ou extrait soit du titre en vertu duquel agit l'opposant, soit du jugement ou de l'ordonnance du juge qui a autorisé la saisie (Loi des 30 mai-8 juin 1793 et décret du 18 août 1807, art. 9).

Le comptable ne peut se rendre juge de la validité du titre qui lui est signifié.

L'énonciation, en l'exploit, du titre en vertu duquel agit le saisissant n'est pas requise lorsque l'opposition est pratiquée sur les dépôts d'une femme par son mari non divorcé, ou sur les dépôts d'un mineur par son représentant légal.

350. — Le mineur et la femme mariée peuvent saisir-arrêter, mais non assigner en validité, sans autorisation préalable.

351. — L'huissier qui présente à un comptable l'original d'une signification doit lui remettre en même temps une copie de cette signification, et laisser ces deux pièces vingt-quatre heures entre ses mains, non compris les dimanches et jours fériés (Décret du 14 février 1792, art. 9, et loi du 25 nivôse an XIII, art. 3).

Le comptable vérifie la régularité de l'original, le collationne avec la copie et s'assure que la saisie-arrêt concerne bien un titulaire de compte d'épargne. Il rend ensuite à l'huissier l'original de l'exploit visé en ces termes : *Vu et reçu copie.*

Le visa est daté en toutes lettres du jour où expire le délai de vingt-quatre heures dont il est parlé ci-dessus.

352. — L'opposition n'a d'effet que jusqu'à concurrence de la somme indiquée à l'exploit.

Lorsque cet acte contient des réserves non définies soit pour les frais, soit pour les intérêts, le visa est donné en ces termes : *Vu pour le capital seulement*, les accessoires n'étant pas déterminés.

Toutes les fois qu'une ou plusieurs des conditions essentielles à la validité de l'exploit sont omises, le comptable chargé de le recevoir mentionne son refus, en marge de l'original, de la manière suivante : *Refusé, attendu que*, etc.

353. — L'omission ou la désignation incomplète des numéros du livret saisi n'entraine pas la non-recevabilité de l'opposition, si cet acte mentionne exactement les nom, prénoms et qualité du titulaire, et s'il n'existe pas de doute ou d'incertitude sur la partie saisie.

D'une manière générale, il est donné cours aux exploits lorsque, quoique incomplètes, les énonciations qu'ils contiennent constituent une preuve suffisante de l'identité du débiteur.

354. — L'opposition qui a pour objet d'interdire la délivrance d'un

duplicata de livret n'est pas recevable, à moins qu'il ne s'agisse d'un acte de nantissement.

355. — L'opposition a pour effet de faire tomber la situation privilégiée faite, par la loi du 9 avril 1881, à la femme et au mineur, et de rendre indisponibles les sommes déposées en leur nom ; mais elle n'ouvre pas au mari ou au représentant légal le droit de se faire remettre ces sommes sans le consentement de la partie saisie ou sans une autorisation de justice[1].

356. — L'opposition pratiquée par un déposant sur ses propres deniers ne peut avoir pour conséquence d'empêcher ultérieurement la remise des fonds entre les mains du titulaire, lorsqu'elle a été formée à titre de simple mesure conservatoire, par exemple dans le cas de perte du livret.

Toutefois la mainlevée préalable de l'opposition serait exigée si la Caisse d'épargne se trouvait en présence d'une demande de remboursement formée par un fondé de pouvoirs, le mandant ayant pu recourir à l'opposition pour annuler les effets de la procuration donnée par lui antérieurement.

357. — L'opposition mise au remboursement de la part d'un héritier dans le montant d'un livret dont le titulaire est décédé n'atteint que cette part, lorsque la somme due à chacun des ayants droit est connue et déterminée par le certificat de propriété; mais si les parts des héritiers ont été laissées indivises, l'opposition met obstacle au remboursement de la somme revenant à chacun d'eux, cette somme n'étant pas connue.

Dans ce cas, il est nécessaire que les copartageants de l'héritier saisi provoquent le partage de la succession pour arriver au remboursement de leurs parts respectives.

358. — Lorsque la Caisse d'épargne n'a pas encore ouvert de compte au débiteur saisi au moment où l'opposition est signifiée, la saisie-arrêt est considérée comme prématurée et frappant dans le vide.

359. — L'opposition atteint aussi bien les sommes déjà versées que celles qui pourraient être versées ultérieurement, en vertu des dispositions de l'article 2092 du Code civil.

360. — Au moment où une opposition est reçue, s'il existe une demande de remboursement, d'achat de rente ou de transfert, il n'est pas donné suite à cette demande.

L'opposition ne met pas empêchement à la délivrance des inscrip-

1. Voir, dans notre *Guide des Caisses d'épargne*, les jugements rendus par les tribunaux de Lons-le-Saunier et de Romorantin, les 1er et 13 juin 1891.

tions de rente achetées antérieurement, en vertu du principe de l'insaisissabilité des rentes.

361. — Toute saisie-arrêt ou opposition doit être signifiée : 1° en ce qui concerne les dépôts effectués aux Caisses d'épargne privées, aux caissiers de ces établissements; 2° en ce qui concerne les dépôts effectués à la Caisse nationale d'épargne, entre les mains de l'agent comptable, à Paris, s'il s'agit d'un livret appartenant à l'une des séries départementales (couverture gris-bleuté) ou à l'une des séries marines (Voir le chapitre *Succursales navales*); au caissier de la succursale, s'il s'agit d'un livret de succursale de la métropole, de l'Algérie ou de la Tunisie (§ 31), et également au caissier de la succursale, par l'entremise du consulat ou vice-consulat de France, s'il s'agit d'un livret de succursale étrangère (Voir le chapitre *Succursales étrangères*).

Les receveurs des postes n'ont pas qualité pour recevoir les oppositions au remboursement des sommes versées à la Caisse nationale d'épargne.

362. — La péremption est acquise après un délai de cinq ans, à dater du jour de leur signification, aux oppositions mises au remboursement des fonds déposés à la Caisse nationale d'épargne qui n'ont pas été renouvelées (Loi du 9 juillet 1836, art. 14); elle est acquise après un délai de trente ans aux oppositions atteignant les dépôts confiés aux Caisses d'épargne privées.

La signification du jugement de validité conserve l'effet de l'opposition et sert de point de départ à un nouveau délai d'égale durée.

2° *Certificats à délivrer aux saisissants.*

363. — La Caisse d'épargne est obligée, par l'opposition, à déclarer ce qu'elle doit au saisi; mais elle n'est tenue à cette déclaration qu'autant que les formalités de dénonciation et contre-dénonciation prescrites par les articles 563 et 564 du Code de procédure civile ont été accomplies.

Le cas échéant, le comptable compétent délivre, sur la demande du saisissant, un certificat des sommes dues au saisi, qui tient lieu, en ce qui le concerne, de tous autres actes et formalités prescrits à l'égard des tiers saisis, et notamment d'être assigné en déclaration affirmative (Décret du 18 août 1807 et Code de procédure civile, art. 569).

364. — La demande formée par le saisissant pour obtenir un certificat déclaratif des sommes dues au saisi doit être écrite sur papier timbré, conformément à l'article 12 de la loi du 13 brumaire an VII.

Elle doit, en outre, être accompagnée du papier timbré nécessaire pour l'expédition du certificat (Décret des 14-19 février 1792).

365. — D'après l'article 573 du Code de procédure civile, la déclaration du tiers-saisi doit énoncer les causes et le montant de la dette et les payements à compte si aucuns été faits; mais cette disposition n'intéresse pas les Caisses d'épargne. En effet, aux termes de l'article 6 du décret du 18 août 1807, les détenteurs des deniers publics sont seulement tenus de déclarer par certificat si la somme due est liquide et, le cas échéant, d'en indiquer le montant.

Il doit être fait mention dans les certificats de cette nature des saisies-arrêts ou oppositions, s'il en existe déjà (Décret du 18 août 1807, art. 7).

366. — Lorsqu'elle en est requise par l'un des créanciers opposants, leurs représentants ou ayants cause, la Caisse d'épargne est tenue de délivrer également extrait ou état desdites oppositions existantes.

La demande doit en être faite par voie de pétition et non par acte extra-judiciaire. Tout tiers qui la forme au nom des ayants droit est tenu de justifier d'un pouvoir spécial, à moins qu'il ne soit avoué constitué. Il n'y a pas de dispense, même pour les notaires rapporteurs des actes signifiés, ou pour les huissiers instrumentaires.

Chaque demande doit être écrite sur papier timbré, accompagné du papier timbré nécessaire pour l'expédition de la pièce réclamée (Loi du 13 brumaire an VII, art. 12, et décret des 14-19 février 1792, art. 14).

367. — Tout certificat, extrait ou état délivré est établi sur papier timbré, dont le coût est à la charge de l'opposant. Sont seuls établis sur papier libre les certificats réclamés par une administration publique. Dans ce cas, il est fait mention du motif de la dispense de timbre sur les pièces délivrées (Loi du 13 brumaire an VII, art. 16).

3° *Défaut de dénonciation.*

368. — Lors même que l'opposition n'est pas suivie de dénonciation avec demande en validité, ainsi que le prescrivent les articles 563 et 564 du Code de procédure civile, les Caisses d'épargne exigent, avant de se dessaisir des fonds saisis-arrêtés, une mainlevée amiable ou judiciaire.

369. — Le défaut de dénonciation avec demande en validité n'entraîne pas la nullité de l'opposition : il faut que cette nullité soit prononcée par la justice.

Cette règle découle de l'article 9 du décret du 18 août 1807, qui porte que tout caissier ou dépositaire de deniers publics entre les mains duquel il existe une opposition sur une partie prenante ne peut payer que du consentement des opposants ou après ordonnance de justice.

4° *Mainlevée et radiation des oppositions.*

370. — Les mainlevées d'oppositions sont judiciaires ou amiables.

La mainlévée judiciaire est ordonnée soit par le tribunal, soit par le président jugeant en état de référé.

La mainlevée amiable ne peut être donnée que par acte notarié, en minute ou en brevet, dûment enregistré, et légalisé s'il y a lieu[1].

Si l'acte est en minute, la production d'une expédition suffit; s'il est en brevet, il est nécessaire, en outre, de rapporter l'exploit original de l'opposition.

Dans aucun cas la mainlevée ne doit être mise au bas de l'opposition : la loi défend de réunir deux actes sur la même feuille de papier timbré.

371. — Mainlevée partielle d'une opposition peut être donnée par acte notarié. Dans ce cas, l'acte est annexé à l'exploit, dont il restreint l'étendue quant aux sommes.

L'original de l'opposition est rapporté seulement lorsque la mainlevée définitive est donnée.

372. — En cas d'opposition du mari, le remboursement des dépôts de la femme peut avoir lieu entre les mains des deux époux. La signature du mari tient lieu de mainlevée.

Cette règle est également applicable aux dépôts du mineur saisis-arrêtés par le représentant légal.

373. — Les oppositions signifiées à la Caisse nationale d'épargne qui ont acquis cinq années de date sans avoir été renouvelées sont rayées d'office; la radiation de celles signifiées aux Caisses d'épargne privées a lieu quand elles ont acquis trente ans de date.

1. Toutefois la Caisse nationale d'épargne accepte la mainlevée donnée par acte sous seing privé, lorsque l'original de l'opposition y est joint.

5° *Comptes dépassant le maximum légal frappés d'opposition.*

374. — Il n'est pas acheté de rente d'office pour le déposant dont le compte dépasse le maximum légal et se trouve frappé d'opposition; cet achat aurait, en effet, pour conséquence de diminuer le gage du créancier.

Dans ce cas, les Caisses d'épargne se bornent à supprimer les intérêts afférents à la portion du capital excédant le maximum légal, jusqu'à la réduction du compte.

CHAPITRE XXIII

JUGEMENTS

375. — Dans tous les cas où la propriété d'un livret de Caisse d'épargne privée est établie par un jugement ou un arrêt, le remboursement des fonds n'est effectué que sur la production d'un certificat de propriété délivré par le greffier compétent.

Le certificat de propriété peut être remplacé, s'il s'agit d'un livret de la Caisse nationale d'épargne, par les justifications énumérées ci-dessous.

376. — Lorsque le remboursement est demandé en vertu d'un jugement contradictoire, l'intéressé doit produire 1° : la grosse du jugement ou une expédition en forme, si le jugement ne reçoit pas sa complète exécution par le fait du payement ; 2° un certificat de l'avoué de la partie poursuivante, légalisé, s'il y a lieu, et contenant la date de la signification du jugement, faite tant à avoué qu'à la partie, à personne ou à domicile ; 3° une attestation du greffier, également légalisée, s'il y a lieu, constatant qu'il n'existe contre le jugement ni opposition, ni appel.

La production de cette dernière pièce est aussi nécessaire quand il s'agit de l'exécution des ordonnances de référé, ainsi que des jugements rendus par les tribunaux de commerce et les juges de paix (Arrêts de la Cour de cassation des 9 juin 1856 et 13 janvier 1859).

377. — Les certificats de non-opposition ni appel, qui doivent être postérieurs à l'expiration des délais d'opposition et d'appel, sont représentés même pour les jugements exécutoires par provision (Arrêts de la Cour de cassation des 25 mai 1841 et 9 juin 1858).

Toutefois il n'y a pas lieu de les produire si la partie condamnée a acquiescé au jugement, son adhésion impliquant, avec l'abandon de la défense, qu'il n'y aura pas d'opposition ou d'appel qui puisse faire rétracter ou réformer le jugement.

Dans ce cas, lesdits certificats sont remplacés par une expédition de l'acte d'acquiescement, à moins que l'acquiescement n'ait été écrit à la suite de la grosse ou de l'expédition du jugement.

378. — Lorsque le jugement a été rendu par défaut, l'ayant droit produit : 1° l'original de la signification par huissier à la personne ou au domicile réel, et, en cas de domicile inconnu, au parquet du procureur de la République ; 2° un certificat de l'avoué constatant la date de la signification du jugement à la partie condamnée ; 3° un acte d'exécution contre la partie condamnée, suivant le mode prescrit par l'article 159 du Code de procédure civile, ou un procès-verbal de perquisition ou de carence, qui tient lieu de cet acte quand le domicile est inconnu, ledit acte ou procès-verbal intervenu dans les six mois de la date du jugement ; 4° un certificat du greffier constatant qu'il n'existe contre le jugement ni opposition, ni appel.

L'original de la signification et l'acte d'exécution sont rendus à la partie poursuivante, si l'avoué en fournit une copie certifiée conforme.

379. — Quand le jugement par défaut a été obtenu contre une partie ayant constitué avoué, l'opposition contre ce jugement n'est recevable que pendant la huitaine de la signification faite à l'avoué (Code de procédure civile, art. 157).

Si le jugement est rendu contre une partie qui n'a pas d'avoué, l'opposition est recevable jusqu'à l'exécution du jugement (Code de procédure civile, art. 158).

Les jugements par défaut doivent être exécutés dans les six mois de leur obtention, sinon ils sont réputés non avenus (Code de procédure civile, art. 156).

Le délai de l'appel pour les jugements par défaut ne court qu'à partir du jour où l'opposition n'est plus recevable (Code de procédure civile, art. 443).

380. — Les jugements rendus contre les tuteurs doivent être signifiés aux subrogés-tuteurs, alors même que ces derniers ne seraient pas en cause, ou que le tuteur aurait acquiescé au jugement, les délais de l'appel ne courant contre le mineur qu'à partir du jour où le jugement a été signifié tant au tuteur qu'au subrogé-tuteur.

381. — Les remboursements demandés pas suite d'arrêts de cours d'appel doivent être appuyés : 1° de la grosse ou d'une copie certifiée véritable de l'arrêt ; 2° d'un certificat de signification à domicile de l'arrêt, délivré par l'avoué.

Si l'arrêt est par défaut, on exige la production d'un certificat de non-opposition délivré par le greffier de la cour, et, si l'arrêt est par défaut contre l'intimé, la preuve de l'exécution de l'arrêt contre le défaillant, ou, à défaut d'exécution, un procès-verbal de perquisition ou de carence.

382. — Pour les remboursements à effectuer en vertu d'exécutoires de dépens et d'ordonnances de fixation de taxes, les pièces suivantes sont réclamées : 1° la grosse de l'exécutoire de dépens; 2° un certificat de signification à avoué; 3° un certificat de non-opposition délivré par le greffier du tribunal ou de la cour; 4° la grosse ou une copie du jugement ou de l'arrêt en vertu duquel l'exécutoire a été délivré; 5° les certificats de signification de non-opposition ni appel du jugement ou le certificat de signification de l'arrêt.

383. — Les justifications à produire par le receveur des domaines qui demande le remboursement d'un livret d'épargne, frappé de saisie-arrêt par son administration, sont, à défaut d'un certificat de propriété : 1° la grosse du jugement validant la saisie-arrêt; 2° l'original de la signification du jugement par huissier-commis; 3° un certificat du greffier, postérieur à l'expiration des délais d'opposition et d'appel, constatant qu'il n'existe ni opposition, ni appel.

384. — Les frais de procédure ne sont jamais compris dans le remboursement à autoriser au profit de la partie poursuivante, s'ils n'ont été préalablement taxés par la justice.

385. — Dans tous les cas où le remboursement d'un compte d'épargne a lieu en exécution d'un jugement, le payement peut être effectué sans la présentation du livret.

Si le remboursement est partiel, l'opération est ultérieurement inscrite sur le livret, lorsque ce titre est communiqué à la Caisse d'épargne.

386. — Les jugements rendus en France ne peuvent être exécutés ou admis dans les consulats qu'après avoir été légalisés par le ministre des affaires étrangères (Ordonnance du 25 octobre 1883, art. 10).

CHAPITRE XXIV

PRIVILÈGE DU TRÉSOR

387. — Le privilège accordé au Trésor en matière de douanes s'exerce avant tous autres privilèges et droits des créanciers des redevables (Loi du 4 germinal an II, titre VI).

Il en est de même du privilège du Trésor pour recouvrement de droits en matière de contributions indirectes, à l'exception des frais de justice (Décret du 1 germinal an XIII.)

388. — Le privilège du Trésor pour le recouvrement des frais de justice en matière criminelle, correctionnelle et de police sur les meubles (y compris les livrets d'épargne) et effets mobiliers des condamnés s'exerce après : 1° les privilèges désignés par les articles 2101 et 2102 du Code civil; 2° les sommes dues pour la défense des condamnés, lesquelles, en cas de contestation de la part de l'Administration des domaines, sont réglées d'après la nature de l'affaire par le tribunal qui a prononcé la condamnation.

Le privilège accordé au Trésor par la loi du 5 septembre 1807 pour les frais de justice ne s'étend pas aux amendes, dont le recouvrement ne peut avoir lieu que par les voies ordinaires de droit.

389. — La loi du 12 novembre 1808, article 2, enjoint à tous dépositaires et débiteurs de deniers publics appartenant aux redevables des contributions directes, et affectés au privilège du Trésor, de payer, sur la demande qui leur en est faite, en l'acquit des redevables et sur le montant des fonds qu'ils doivent ou qui sont entre leurs mains, jusqu'à concurrence de tout ou partie des contributions dues par ces derniers.

Les Caisses d'épargne doivent se conformer à cette disposition et donner suite à toute demande de remboursement formée par un percepteur pour le recouvrement de contributions, lorsque cette demande est appuyée d'une réquisition ou d'une sommation en forme, et lors même qu'il existerait entre leurs mains des oppositions formées par d'autres créanciers du contribuable.

La quittance tirée du percepteur mentionne le titre en vertu duquel il agit; elle est appuyée d'un extrait des rôles certifié par le préfet ou le sous-préfet.

Les règles ci-dessus sont applicables aux droits et amendes de timbre qui jouissent du même privilège que les contributions (Loi du 28 avril 1816, art. 76).

390. — L'Administration de l'enregistrement n'a, pour le recouvrement des droits de mutation, ni privilège, ni droit de prélèvement ou de préférence sur les biens des successions (Cassation, 28 juillet et 23 et 24 juin 1857).

CHAPITRE XXV

PRESCRIPTION OU DÉCHÉANCE TRENTENAIRE

391. — Le montant d'un livret n'ayant donné lieu depuis trente ans à aucun versement, à aucun remboursement, ni à aucune autre opération faite sur la demande du déposant, cesse d'être productif d'intérêts et doit être remboursé à l'ayant droit.

392. — Un relevé des comptes restés sans mouvement depuis vingt-neuf ans accomplis est publié chaque année au *Journal officiel* pour provoquer la demande de remboursement de la part des intéressés.

393. — Si, par une cause quelconque, le remboursement d'un compte atteint par la prescription trentenaire ne peut être opéré, les fonds sont convertis en un titre de rente sur l'État, qui est consigné à la Caisse des dépôts et consignations.

A partir du moment de la consignation, et jusqu'à la réclamation du déposant, le service des arrérages de la rente est suspendu. Quant aux soldes restés disponibles après la conversion en rentes des comptes abandonnés, ils sont définitivement acquis aux Caisses d'épargne, ainsi que les dépôts qui, à raison de leur faible importance, ne peuvent donner lieu à un achat de rente.

394. — Un achat de rente d'office n'interrompt pas la prescription trentenaire, cet acte n'émanant pas du déposant (Voir le chapitre *Comptes dépassant le maximum légal*).

Si le compte est frappé d'opposition, la prescription ne court qu'à partir de la date de l'opposition.

A l'égard des versements faits sous la condition stipulée par le donateur que le donataire n'en pourra dispóser qu'à une époque déterminée, le délai de trente ans ne court qu'à partir de cette date.

395. — L'article 2252 du Code civil, aux termes duquel la pres-

cription ne court pas contre les mineurs et les interdits, ne s'applique pas aux dépôts d'épargne, qui sont régis par une législation spéciale.

396. — Les Caisses d'épargne sont autorisées à se décharger de toutes quittances et pièces et de tous livrets soldés qui ont plus de trente ans de date.

CHAPITRE XXVI

DÉLITS TENDANT A PROVOQUER DES RETRAITS DE FONDS DES CAISSES D'ÉPARGNE

397. — Aux termes de l'article 1er de la loi du 3 février 1893, quiconque, par des faits faux ou calomnieux semés à dessein dans le public, ou par des voies ou moyens frauduleux quelconques, aura provoqué des retraits de fonds des Caisses publiques, ou des établissements obligés par la loi à effectuer leurs versements dans les Caisses publiques, sera puni d'un emprisonnement de deux mois au moins et d'une amende de 1000 francs à 20 000 francs (Code pénal, art. 420).

L'article 463 du Code pénal est applicable aux délits prévus par la loi du 3 février 1893.

CHAPITRE XXVII

TUTELLE

398. — Pendant le mariage, le père, administrateur légal, gère, en une double qualité, comme mandataire légal et comme usufruitier, les biens de ses enfants mineurs (Code civil, art. 389).

L'administration légale est distincte de la tutelle, laquelle ne s'ouvre qu'au moment de la dissolution du mariage; elle n'est pas soumise à l'intervention et au contrôle du conseil de famille et ne comporte pas le concours d'un subrogé-tuteur.

Après la dissolution du mariage, la tutelle des enfants mineurs et non émancipés appartient de plein droit au survivant des père et mère.

Ce principe souffre exception dans le cas de condamnation directe ou accessoire du père à la dégradation civique.

399. — L'état de minorité du père ou de la mère ne met pas obstacle à la tutelle légale (Code civil, art. 442).

400. — La mère, si elle est remariée, doit justifier, pour retirer les dépôts d'épargne de ses enfants mineurs[1], que la tutelle lui a été conservée par le conseil de famille (Code civil, art. 395).

Quand la tutelle du mineur est exercée par la mère, et que celle-ci est remariée, le nouveau mari intervient, en qualité de cotuteur, à toute demande et quittance de remboursement.

Lorsque le mineur est enfant naturel et que la mère s'est mariée après avoir fait décider par le conseil de famille que la tutelle lui serait conservée, le mari intervient également à tout retrait de fonds en qualité de cotuteur.

Toutes les fois qu'il y a cotutelle, les dépôts du mineur ne peuvent être retirés que par la tutrice et le cotuteur agissant ensemble.

1. Il ne s'agit ici, et dans les articles suivants, que des fonds qui n'ont pas été *versés directement* par les titulaires.

Si l'une des parties n'assiste pas au payement, celle qui se présente doit produire le consentement écrit de l'autre au retrait des fonds.

401. — La femme divorcée ou séparée judiciairement de corps n'est fondée à retirer les dépôts d'épargne au nom de ses enfants mineurs que si, dans la liquidation qui a suivi le jugement de divorce ou de séparation, ces dépôts lui ont été attribués, ou encore si l'administration légale des enfants a été retirée au père pour être confiée à la mère. Le cas échéant, elle justifie de ses droits par la production d'un certificat de propriété.

La garde des enfants, lorsqu'elle est attribuée à la mère, n'implique pas le droit d'administration des biens, mais seulement le droit de jouissance légale, et si, d'ailleurs, le divorce a été prononcé contre le mari (Code civil, art. 386).

402. — Le livret d'épargne du mineur dont le père a disparu est remboursé, à la demande de la mère, sur la remise d'un certificat, établi sur papier libre par le juge de paix, constatant que le père a disparu depuis au moins six mois et que la mère est chargée de l'entretien et de l'éducation de l'enfant (Code civil, art. 141).

403. — Il est généralement admis que la tutelle légale de l'enfant naturel appartient au père ou à la mère qui l'a reconnu; cependant la jurisprudence refuse quelquefois au père ou à la mère de l'enfant naturel, même reconnu, l'administration légale et la tutelle du mineur.

Dans ces conditions, les Caisses d'épargne ne remboursent pas le livret de l'enfant naturel au père ou à la mère, notamment lorsque les fonds ont été versés par un tiers autre que le père ou la mère. Toutefois elles remboursent au père ou à la mère les sommes dont ils prouvent avoir effectué le dépôt en cette qualité, sous le nom de leur enfant naturel.

404. — Le failli ne perd pas ses droits sur l'administration des biens de ses enfants mineurs tant que le tribunal n'a pas prononcé contre lui la destitution de la tutelle; jusque-là, il est fondé à assister ses enfants dans leurs opérations d'épargne.

405. — Aucun texte de loi n'enlève au père légitime détenu préventivement la tutelle de ses enfants mineurs.

406. — La condamnation à la peine des travaux forcés à temps emporte la dégradation civique, qui comprend l'incapacité d'être tuteur, si ce n'est de ses propres enfants et sur l'avis conforme du conseil de famille (Code pénal, art. 28 et 34).

CHAPITRE XXVIII

MAJEURS

407. — L'homme et la femme non mariée, âgés de vingt et un ans révolus, qui sont maîtres de leurs droits, se bornent, lors du premier versement, à déclarer, avec leurs nom, prénoms, âge, date et lieu de naissance, profession et domicile, qu'ils sont majeurs.

408. — Le déposant majeur est apte, s'il n'est interdit, aliéné ou pourvu d'un conseil judiciaire, à signer lui-même toute demande de remboursement, d'achat de rente, de transfert, de changement de série et à donner décharge ou quittance de toutes pièces et de toutes sommes reçues.

Toutefois, lorsqu'il est en état de liquidation judiciaire (Voir le chapitre *Faillite*), il ne peut retirer tout ou partie de ses dépôts d'épargne sans être assisté du liquidateur judiciaire (Loi du 5 mars 1889, art. 5).

409. — Le déposant qui verse en son propre nom n'a pas la faculté de soumettre le remboursement de ses dépôts à une condition quelconque; il ne peut également stipuler que son décès emportera attribution de propriété des fonds au profit de son conjoint ou de toute autre personne désignée, cette clause ne pouvant être valablement opposée à ses héritiers; mais il lui est loisible de faire donation entre-vifs du montant de son titre à un tiers qui l'accepte : le cas échéant, le remboursement des fonds est accordé au bénéficiaire sur la production d'un certificat de propriété délivré par le notaire détenteur de la minute de l'acte de donation.

410. — Lorsqu'un changement survient dans la qualité civile d'un déposant, celui-ci, ou la personne chargée de l'administration de ses biens, doit en aviser la Caisse d'épargne d'où émane son livret, pour que ce titre soit annoté en conséquence.

411. — Quand le titulaire se trouve atteint d'aliénation mentale, son incapacité est relatée sur la production de la grosse du jugement

qui l'a pourvu d'un administrateur provisoire, ou en vertu d'un certificat émanant du préposé responsable de l'asile public où le déposant a été interné (Voir le chapitre *Aliénés*).

La radiation des mentions relatives aux aliénés internés non interdits peut avoir lieu en vertu d'un certificat délivré par le préposé responsable de l'établissement où le titulaire était placé et constatant sa guérison et sa sortie.

412. — En ce qui concerne les déposants frappés d'interdiction légale, d'interdiction ordinaire ou pourvus d'un conseil judiciaire, leur changement de qualité s'exécute sur la production d'un extrait, délivré par le greffier compétent, du jugement ou de l'arrêt portant soit interdiction, soit nomination de conseil judiciaire (Voir les chapitres *Interdits* et *Déposants pourvus d'un conseil judiciaire*).

La mention d'interdiction ou de conseil judiciaire est levée dans la même forme (Loi du 16 mars 1893 et décret du 9 mai suivant).

413. — Les fonds déposés par un tiers à titre de libéralité, au nom d'un majeur, peuvent être l'objet de clauses restrictives.

Les seules clauses admises sont les suivantes : 1° *le livret est déclaré incessible*; 2° *le remboursement est différé*. Ces conditions peuvent exister simultanément[1].

414. — Beaucoup de donateurs croient, à tort, que la mention d'*incessibilité* a pour effet d'empêcher le titulaire de retirer les fonds. Cette mention ne met pas obstacle au remboursement des dépôts; elle comporte seulement l'interdiction pour le bénéficiaire de céder son livret soit par un acte authentique, soit par un acte sous seing privé (Voir le chapitre *Cession de livrets*).

415. — Lorsque le remboursement est différé, le terme du déla doit être une date fixe. Si le donateur désire soumettre les intérêts à la même condition, il doit le déclarer formellement.

Le retrait des fonds ne peut être subordonné à l'exécution d'un contrat, ni à l'autorisation d'un tiers. Il ne peut être également subordonné à la mort du donateur ou de toute autre personne, l'ajournement au décès ne pouvant être considéré comme ayant le caractère de date fixe exigé par la loi.

Toutefois les dépôts de fonds appartenant en nue propriété et en usufruit à des personnes différentes sont admis lorsqu'ils ont lieu en vertu de dispositions testamentaires.

Dans ce cas, la partie versante doit produire un extrait du testament,

1. Les Caisses d'épargne privées admettent, en outre, la clause *d'insaisissabilité*, mais seulement dans le cas où elle est stipulée par des compagnies industrielles ou des chefs d'ateliers au profit de leurs ouvriers et employés.

certifié par le notaire détenteur de la minute, ou un certificat établi par cet officier ministériel.

416. — Le donateur ne peut se réserver le droit au remboursement des fonds pour quelque cause que ce soit : décès du bénéficiaire avant le terme indiqué pour le remboursement, prédécès du donataire, indignité, etc. Il ne peut non plus stipuler qu'en cas de décès du titulaire avant le remboursement des fonds ceux-ci seront reversés sur une autre tête. Aux termes de l'article 724 du Code civil, le livret tombe alors dans la succession du défunt ainsi que les autres biens, et ses héritiers en sont saisis comme du reste de la masse successorale.

417. — La personne qui effectue un premier versement à titre de libéralité au nom d'un tiers doit déclarer en quelle qualité elle agit : administrateur légal, tuteur, donateur ou mandataire. Toutefois le bienfaiteur a la faculté de garder l'anonyme.

418. — En principe, la clause mise au remboursement des fonds ne peut être ni révoquée, ni modifiée ultérieurement.

Néanmoins la Caisse nationale d'épargne déroge à ce principe, lorsque la révocation ou la modification de la clause a pour but de permettre le remboursement ou d'abréger le délai pendant lequel le retrait des fonds est suspendu; mais elle ne reconnaît le droit de modifier ou de révoquer la clause qu'à celui qui l'a stipulée[1]. Ce droit n'est pas reconnu à la partie versante qui a déclaré agir en qualité de mandataire.

Il s'ensuit que la clause de remboursement ne peut être ni modifiée, ni révoquée : 1° si le mandataire n'a pas fait connaître le nom du mandant au moment du premier dépôt; 2° si le donateur est inconnu ou décédé.

La révocation ou la modification de la clause s'opère, s'il y a lieu, sur une déclaration établie, sur papier libre, par la personne autorisée à cet effet.

419. — Les sommes versées à titre de libéralité sont considérées comme dons manuels; elles sont définitivement acquises aux donataires majeurs ou mineurs et, après leur décès, à leurs héritiers, quelle que soit la condition mise au remboursement des fonds.

Cependant, jusqu'à ce jour, les tribunaux ont jugé que les sommes ainsi versées, sans le concours et l'acceptation des bénéficiaires,

1. Toutefois, il est fait exception à cette règle lorsqu'il s'agit d'un dépôt qui a été effectué par un tuteur agissant en cette qualité et qui vient à décéder ou à être remplacé; la personne qui lui succède dans la tutelle possède également la faculté de changer ou d'annuler la clause mise au retrait des fonds.

demeuraient la propriété des donateurs, notamment lorsque les livrets étaient restés en la possession de ces derniers[1]; mais ces décisions paraissent contestables, à ce point de vue qu'elles sont en opposition avec les dispositions légales en vertu desquelles un déposant ne peut être titulaire de plus d'un livret; elles ouvrent, en effet, aux donateurs, en leur reconnaissant la faculté de retirer les fonds inscrits aux livrets ouverts par leurs soins sous le nom de tiers, la possibilité d'échapper à la prohibition contenue dans les articles 6 et 21 de la loi du 9 avril 1881.

420. — Les fonds sont reversés au donateur lorsque le dépôt en a été opéré postérieurement au décès du bénéficiaire, une donation ne pouvant avoir d'effet à l'égard du donataire et emporter attribution de propriété à son profit qu'autant qu'elle a été consentie de son vivant.

Cette règle découle de l'article 906 du Code civil.

Dans ce cas, les fonds sont remboursés au donateur sur la seule production d'un extrait de l'acte de décès du donataire.

421. — Lorsqu'un dépôt fait par un tiers à titre de libéralité n'est pas accepté par le bénéficiaire, le remboursement du livret peut être autorisé au profit du donateur, sur la production d'une pièce constatant le refus du titulaire.

Cette pièce est mise à l'appui de la quittance.

422. — Le titulaire d'un livret, dont le montant n'est disponible qu'après un certain délai, doit, pour en obtenir le remboursement, fournir la preuve de l'expiration du délai.

1. Lyon, 24 mars 1888; Castres, 8 janvier 1889; Saint-Étienne, 18 mai 1889; Laur, 22 janvier 1890 (*Guide des Caisses d'épargne*).

CHAPITRE XXIX

FEMMES

423. — La femme qui verse pour la première fois doit faire connaître ses nom, prénoms, âge, profession et domicile; elle déclare, en outre, sa qualité civile[1].

Cette déclaration est faite, suivant le cas, dans les termes suivants: 1° *Fille majeure*; 2° *Femme de M. X...* (prénoms et nom du mari); 3° *Veuve de M. X...* (prénoms et nom du mari décédé); 4° *Femme de M. X...* (prénoms et nom du mari), *veuve en premières noces de M. X...* (prénoms et nom du mari décédé); 5° *Femme séparée de biens de M. X...* (prénoms et nom du mari), *en vertu de son contrat de mariage, passé devant Mᵉ X...* (nom), *notaire à X...*; 6° *Femme séparée de corps et de biens de M. X...* (prénoms et nom du mari), *en vertu d'un jugement* (ou arrêt) *du tribunal* (ou de la cour) *de X..., en date du* (date).; 7° *Femme divorcée.*

424. — Qu'elle soit mariée, remariée ou veuve, la femme doit énoncer les nom et prénoms de son mari.

Si elle est séparée de corps et de biens, elle déclare le nom de son mari, ou ne le déclare pas, selon que le jugement de séparation de corps ou un jugement postérieur ne lui a pas interdit de le porter ou l'a autorisée à ne pas le porter (Code civil, art. 311, modifié par la loi du 6 février 1893).

1. Il est des femmes mariées qui, lors du premier versement, prennent la qualité de filles majeures, pour soustraire leurs opérations d'épargne à toute intervention de la part de leur mari. Cette pratique aboutit le plus souvent à un résultat contraire. D'ailleurs, la femme mariée n'a pas besoin de recourir à une fausse déclaration pour pouvoir retirer ultérieurement ses fonds sans le concours de son mari; il suffit qu'elle effectue son premier dépôt en spécifiant qu'elle *verse directement*, en vertu de l'article 6 de la loi du 9 avril 1881.

La femme divorcée n'est pas tenue de déclarer le nom de son ex-conjoint : chacun des époux reprend, par l'effet du divorce, l'usage de son nom (Code civil, art. 299, modifié par la loi du 6 février 1893).

425. — Toutes les fois que la signature d'une femme mariée doit être fournie, qu'il s'agisse d'une demande de livret, d'une procuration, d'une demande de remboursement ou d'achat de rente, il est préférable que cette signature soit donnée par le nom de famille complété par le nom d'alliance; cependant cette formalité n'est rendue obligatoire par aucune disposition légale, et les Caisses d'épargne ne seraient pas fondées à l'exiger.

426. — Lorsqu'un changement survient dans la qualité civile d'une déposante, celle-ci ou la personne chargée de l'administration de ses biens doit en informer la Caisse d'épargne d'où émane son livret, pour que ce titre soit annoté en conséquence.

Pour la fille majeure ou mineure qui s'est mariée et pour la femme veuve qui s'est remariée depuis l'ouverture de son compte d'épargne, le changement de qualité s'opère sur la production d'un bulletin de mariage, du livret de famille ou de tout autre acte public, sur papier libre, établissant sa nouvelle situation.

A l'égard de la femme devenue veuve depuis l'époque du premier versement, son changement de qualité a lieu sur la communication d'un bulletin de décès de son conjoint.

Pour la femme séparée judiciairement de biens, une expédition du jugement de séparation doit être représentée.

Pour la femme divorcée, il y a lieu de produire un extrait de l'acte de l'état civil contenant la mention du jugement de divorce.

427. — Toute femme mariée doit déclarer, lorsqu'elle dépose des fonds à titre d'épargne pour la première fois, si elle verse *avec* ou *sans l'assistance de son mari*; il est, par suite, nécessaire qu'elle intervienne personnellement pour obtenir l'ouverture d'un livret à son nom.

428. — Un tiers ne peut effectuer un premier versement au nom d'une femme mariée qu'autant qu'il agit en qualité de mandataire.

429. — Lorsqu'un dépôt est fait par un donateur au profit d'une femme mariée, ce dépôt n'est accepté qu'avec le consentement du mari, si la bénéficiaire n'est pas autorisée par la justice (Code civil, art. 934)[1]. Toutefois cette réserve n'est pas applicable aux versements opérés en vertu de dispositions testamentaires.

1. Quelques Caisses d'épargne accueillent cependant les versements faits par des tiers, à titre de libéralité, au nom de femmes mariées; mais les fonds ne sont remboursés aux bénéficiaires qu'avec le concours du mari.

Les règles tracées au chapitre *Majeurs*, touchant les versements faits à titre de libéralité, sont communes aux filles âgées de vingt et un ans révolus et aux femmes veuves ou divorcées.

430. — Les dépôts proposés au nom d'une femme mariée sous le régime dotal avec condition de remploi ne sont pas admis.

431. — La femme mariée, quel que soit le régime de son contrat de mariage, peut se faire ouvrir un compte d'épargne *sans l'assistance de son mari.*

Lorsqu'elle entend se prévaloir de cette capacité exceptionnelle que lui a conférée la loi du 9 avril 1881, et se réserver ainsi la faculté de retirer ses dépôts sur sa seule signature, elle doit en faire la déclaration au moment du premier versement.

Si, au contraire, elle désire que les fonds ne lui soient remboursés qu'avec le concours de son mari, elle déclare les verser *avec l'assistance* de celui-ci.

La demande de livret ou le registre matricule est alors signé par le mari et la femme.

La présence du mari n'est pas nécessaire s'il ne sait ou ne peut signer.

432. — Si la mention *non assistée de son mari* ne figure pas sur la demande de livret que doit souscrire toute femme mariée versant à la Caisse nationale d'épargne, aucun remboursement n'est autorisé au profit de l'intéressée sans l'intervention de son mari, même lorsqu'elle a signé seule la demande de livret. En l'absence de cette mention, le versement est considéré comme ayant été fait avec l'assistance du mari.

433. — Lorsque la femme mariée a fait son premier versement *sans l'assistance de son mari*, elle signe seule toute demande de remboursement.

Si elle a déclaré être assistée de son mari, le remboursement est fait en présence et sur la signature des deux conjoints. Toutefois, si un seul des époux est présent, le remboursement est accordé sur la production du consentement écrit et signé de l'autre.

Ce consentement peut être rédigé dans les termes suivants : *Je, soussigné* (prénoms et nom), *déclare consentir à ce qu'il soit remboursé à ma femme* (ou à mon mari) *la somme de* (en lettres) *sur celles inscrites au livret n°....*

Si l'un des époux est illettré, il doit se faire suppléer par deux témoins ou donner procuration à un tiers, par-devant le maire.

434. — La femme qui s'est fait ouvrir un livret *sans l'assistance de son mari*, en vertu de l'article 6 de la loi du 9 avril 1881, peut, après la mort de son mari, retirer seule les fonds qu'elle a ainsi placés, sauf

opposition, soit de la part de ses propres créanciers, soit de la part des créanciers ou des héritiers de son mari (Avis du Conseil d'État, 10 novembre 1886).

435. — La femme qui s'est mariée ou remariée ne peut réclamer le bénéfice de l'article 6 de la loi du 9 avril 1881 (versement direct) pour un livret d'épargne ouvert à son nom antérieurement au mariage, son changement de situation ayant pour effet de la placer sous le régime du droit commun.

Mais si le mari déclare par écrit qu'il consent à ce que les fonds déposés par sa femme soient considérés comme ayant été versés sans son assistance, ces fonds peuvent être remboursés à la titulaire sur sa seule signature.

436. — La femme mariée qui a déclaré verser avec l'assistance de son conjoint et qui, d'après son contrat de mariage, est séparée de biens, peut retirer ses dépôts sur sa seule signature.

Dans l'espèce, la déposante est apte à administrer ses fonds d'épargne (Code civil, art. 1536).

La femme mariée sous le régime dotal, titulaire d'un livret pris antérieurement à son mariage et à l'égard duquel il n'y a pas eu constitution de dot, peut en retirer le montant sans le concours de son mari, sur la production d'une expédition de son contrat de mariage : le livret rentre alors dans la catégorie des biens paraphernaux dont la femme dotale a l'administration (Code civil, art. 1576).

437. — Pour mettre opposition au remboursement des dépôts de sa femme, le mari doit faire signifier la saisie-arrêt par exploit d'huissier; une opposition signifiée sous forme de simple lettre resterait sans effet (Voir le chapitre *Oppositions*).

En cas d'opposition de la part du mari, signifiée par ministère d'huissier, le remboursement ne peut être fait à la femme seule, même lorsque le livret a été pris sans l'assistance du conjoint; mais il peut être opéré entre les mains du mari et de la femme, et sans que mainlevée ait été donnée de la saisie-arrêt : le consentement du mari au retrait des fonds tient lieu de cette formalité.

L'opposition a pour résultat de mettre seulement obstacle au remboursement des dépôts entre les mains de la femme; elle n'ouvre pas d'emblée au mari le droit de retirer lui-même les fonds; il faut que ce droit lui ait été accordé par la justice.

438. — Lorsque des époux ont été séparés judiciairement de biens, la femme reprend la libre disposition de ces derniers, sauf en ce qui concerne les immeubles (Code civil; art. 1449), elle a, par suite, le droit de retirer ses dépôts d'épargne sur son seul acquit.

Elle justifie de ce droit par la production d'un certificat de propriété, délivré par un notaire, dans lequel sont visés et analysés le jugement de séparation et la minute de l'acte de liquidation des reprises ou les pièces et actes constatant l'exécution de la séparation (Code civil, art. 1444 et 1445).

439. — La séparation de corps, qui emporte toujours la séparation de biens, a, en outre, pour effet de rendre à la femme le plein exercice de sa capacité civile, sans qu'elle ait besoin de recourir à l'autorisation de son mari ou de la justice (Code civil, art. 311, modifié par la loi du 6 février 1893).

S'il y a cessation de séparation de corps par la réconciliation des époux, la capacité de la femme est modifiée pour l'avenir, et ses dépôts d'épargne ne peuvent plus lui être remboursés qu'avec l'assistance de son mari. Cette modification n'est opposable aux Caisses d'épargne que si la reprise de la vie commune a été constatée par acte passé devant notaire avec minute (Code civil, art. 311, modifié par la loi du 6 février 1893).

440. — La femme divorcée depuis l'ouverture de son livret n'a d'autre justification à produire, pour obtenir le remboursement des fonds, qu'un extrait de l'acte de l'état civil mentionnant le jugement de divorce et une pièce établissant qu'il résulte de la liquidation de biens intervenue à la suite du jugement de divorce qu'elle demeure seule propriétaire du livret (Code civil, art. 258 et 264).

441. — La femme divorcée ou séparée judiciairement de corps n'est fondée à retirer les dépôts d'épargne effectués au nom de ses enfants mineurs que si, dans la liquidation qui a suivi le jugement de divorce ou de séparation, ces dépôts lui ont été attribués, ou encore si l'administration légale des enfants lui a été confiée.

La garde des enfants, lorsqu'elle est attribuée à la mère, n'implique pas le droit d'administration des biens, mais seulement le droit de jouissance légale, et si, d'ailleurs, le divorce a été prononcé contre le mari (Code civil, art. 386).

La femme divorcée ou séparée judiciairement de corps justifie de ses droits sur les dépôts d'épargne de ses enfants mineurs par la production d'un certificat de propriété (Voir le chapitre *Certificats de propriété*).

442. — Lorsqu'il y a lieu de rembourser tout ou partie d'un livret dépendant d'une succession à une femme mariée, celle-ci doit être assistée de son mari, ou produire une autorisation[1] de lui ou de la

1. Le mari peut donner à un tiers le mandat d'autoriser sa femme, mais le pouvoir doit être spécial et exprès.

Lorsque le mari refuse d'autoriser sa femme, celle-ci peut se faire autoriser par jugement.

justice (Code civil, art. 776), à moins qu'il ne s'agisse d'un bien paraphernal (Code civil, art. 1576).

443. — Le mari, en sa qualité d'administrateur de tous les biens personnels de sa femme, a capacité pour recevoir les sommes échues à celle-ci par succession (Code civil, art. 1428); cependant certaines Caisses d'épargne exigent la signature de l'héritière.

444 — Lorsque l'héritière est mariée sous le régime dotal avec condition expresse du remploi des sommes qu'elle recevra pendant le mariage, la Caisse d'épargne ne fait le remploi elle-même que s'il doit avoir lieu en rentes sur l'État[1].

Le payement à un tiers chargé d'effectuer le remploi est valable, lorsqu'il a été autorisé par le contrat de mariage.

445. — Les Caisses d'épargne ne se préoccupent pas du remploi des fonds quand il s'agit de sommes inférieures à 150 francs.

446. — Les fonds versés au nom de la femme d'un failli peuvent être appréhendés par le syndic de la faillite (Voir le chapitre *Faillite*).

447. — La femme mariée ne peut faire donation entre-vifs du montant de son livret d'épargne sans l'assistance ou le consentement spécial de son mari ou sans y être autorisée par la justice (Code civil, art. 905).

448. — La femme mariée peut frapper d'opposition par ministère d'huissier les dépôts d'épargne de son mari, mais seulement en vertu d'un titre ou d'une permission du juge.

Elle peut également saisir-arrêter les fonds d'épargne de toute autre personne, mais non assigner en validité sans autorisation préalable de son mari ou de la justice.

Si le mari est absent ou incapable (mineur, interdit, aliéné, pourvu d'un conseil judiciaire, etc), la femme doit être autorisée en justice (Code civil, art. 222 et Code de procédure civile, art. 861 et suivants).

Voir, à l'appendice V, la loi du 9 juin 1893, en ce qui concerne les actes d'autorisation maritale dressés aux armées ou dans le cours d'un voyage maritime.

1. Lorsque la Caisse d'épargne ne fait pas le remploi elle-même, elle doit surveiller l'accomplissement de cette formalité. A cet effet, elle peut inviter l'intéressée à attribuer au notaire qui a délivré le certificat de propriété le pouvoir de toucher les fonds; ce pouvoir est donné par la femme seule s'il y a eu séparation de biens, et, dans le cas contraire, avec le concours du mari. Les fonds sont remboursés au notaire sur la production d'un engagement aux termes duquel il se porte garant de leur remploi, suivant les stipulations du contrat de mariage, qui doit être expressément désigné par l'indication de sa date et de l'officier ministériel qui l'a reçu.

La responsabilité du notaire est ainsi substituée à celle de la Caisse d'épargne.

449. — La femme qui a effectué ses dépôts sans l'assistance de son mari peut, sans l'intervention de celui-ci, donner valablement procuration à un tiers, pour opérer des remboursements en ses lieu et place.

450. — La femme mariée peut être choisie pour mandataire (Code civil, art. 1990).

Les Caisses d'épargne sont valablement déchargées par la signature d'une femme agissant en vertu d'une procuration à laquelle son mari n'est pas intervenu.

451. — Des renseignements sur le compte d'épargne de la femme ne sont fournis au mari, lorsque les dépôts ont été effectués sans son assistance, que sur sommation ou opposition signifiée par ministère d'huissier (Voir le chapitre *Renseignements*).

Pour les droits de la femme mariée, au cas d'absence, d'aliénation, d'interdiction ou de décès de son mari, voir les chapitres *Absents*, *Aliénés*, *Interdits* et *Successions*.

A l'égard des achats de rente et des transferts demandés par les femmes mariées, voir les chapitres *Rentes* et *Transferts*.

CHAPITRE XXX

MINEURS

1° *Mineurs ordinaires.*

452. — Lorsqu'un mineur verse pour la première fois, il doit faire connaître ses nom, prénoms, âge, profession et domicile; il déclare, en outre, les nom et prénoms de son représentant légal : père, mère ou tuteur.

Cette déclaration est faite, suivant le cas, dans les termes suivants : 1° *Mineur sous l'administration légale* (ou sous la tutelle légale) *de son père, M. X...* (prénoms et nom)[1]; 2° *Mineur sous la tutelle légale*[1] *de sa mère, Mme X...* (prénoms, nom de famille et qualité civile); 3° *Mineur sous la tutelle légale de M. X...* (prénoms et nom), *ascendant paternel* (ou maternel); 4° *Mineur sous la tutelle légale de sa mère* (prénoms et nom de famille), *veuve en premières noces de M. X...* (prénoms et nom) *et femme en secondes noces de M. X...* (prénoms et nom du second mari), *cotuteur*; 5° s'il s'agit d'un enfant naturel : *Fils de M. X...* (prénoms et nom du père, si l'enfant a été légalement reconnu; sinon, ceux de la mère seulement); 6° *Mineur sous la tutelle dative de M. X...* (prénoms et nom), *conférée par délibération du conseil de famille en date du* (date), *présidé par le juge de paix du canton d...* (nom du canton); 7° *Mineur émancipé ayant pour curateur M. X...* (prénoms et nom); 8° *Mineur sous la tutelle officieuse de M. X...* (prénoms et nom) *en vertu de l'article 361 du Code civil*; 9° si l'enfant n'est pas

1. La tutelle diffère de l'administration légale en ce qu'elle ne s'ouvre qu'au moment de la dissolution du mariage par le divorce ou le décès de l'un des époux.

momentanément pourvu de tuteur : *Mineur orphelin sans tuteur.*

453. — Le mineur âgé de moins de seize ans qui effectue son premier versement à une Caisse d'épargne privée doit produire un extrait de son acte naissance sur papier libre.

Le tuteur datif qui verse pour son pupille doit produire un extrait de la délibération du conseil de famille constatant qu'il a été nommé à ces fonctions.

454 — Aucune pièce justificative n'est réclamée par la Caisse nationale d'épargne, à l'appui du premier versement au nom d'un mineur, que les fonds soient déposés par le mineur lui-même ou par un tiers quelconque.

455. — Lorsqu'un changement survient dans la situation d'un mineur, il est nécessaire d'en informer la Caisse d'épargne qui a émis le livret.

Pour la fille mineure qui s'est mariée depuis l'ouverture de son compte d'épargne, le changement de qualité s'opère sur la production d'un bulletin de mariage ou de tout autre acte public, sur papier libre, établissant sa nouvelle situation.

S'il s'agit du changement de tutelle d'un mineur, il y a lieu de représenter un extrait de la délibération du conseil de famille qui a provoqué la mesure.

La même pièce est exigée pour la justification du maintien de la mère dans la tutelle légale de ses enfants mineurs, en cas de convol et de l'adjonction du nouveau mari en qualité de cotuteur.

L'émancipation d'un mineur se justifie au moyen d'un certificat délivré par le juge de paix qui a reçu la déclaration du père ou de la mère, ou présidé le conseil de famille (Code civil, art. 477 et 478).

La même formalité est requise lorsque l'émancipation est révoquée et que le mineur rentre en tutelle.

Le changement de nom de l'enfant naturel reconnu pendant le mariage a lieu sur la production d'un extrait, sur papier libre, de l'acte de l'état civil, annoté d'une mention constatant ledit changement de nom.

456. — Les mineurs sont admis à se faire ouvrir des livrets *sans l'assistance de leur représentant légal.*

Le bénéfice de cette disposition peut être réclamé soit par le mineur lui-même, soit par un tiers.

457. — Le mineur qui a fait ses dépôts sans l'assistance de son représentant légal peut les retirer sans cette assistance, lorsqu'il a seize ans révolus.

Tant que le mineur ne remplit pas cette dernière condition, la Caisse nationale d'épargne rembourse les fonds au représentant légal, si celui-ci les réclame[1]; dans la même situation, les Caisses d'épargne privées opèrent différemment, c'est-à-dire qu'elles ne remboursent pas les dépôts au représentant légal : seul le titulaire peut en disposer, mais à partir de seize ans accomplis.

458. — Toutes les fois que les fonds n'ont pas été soumis au régime de l'article 6 de la loi du 9 avril 1881 (versement direct), la personne chargée de la tutelle du mineur a le droit d'en opérer le retrait jusqu'à la majorité du titulaire.

459. — Si la mention *versement direct* ne figure pas sur la demande de livret que doit souscrire tout mineur versant pour la première fois à la Caisse nationale d'épargne, aucun remboursement n'est autorisé à son profit sans l'assistance de son représentant légal, même lorsque celui-ci n'a pas signé la demande du livret.

Toutefois le représentant légal a la faculté, s'il a effectué lui-même les dépôts au nom du mineur, de réclamer pour ces dépôts le bénéfice de l'article 6 de la loi du 9 avril 1881 (versement direct), auquel cas le mineur peut retirer les fonds sur sa seule signature à partir de seize ans révolus.

460. — Les seules conditions auxquelles peuvent être soumis les fonds versés à titre de libéralité au nom des mineurs sont les suivantes : 1° *le livret est déclaré incessible*; 2° *le remboursement est différé.*

De même que pour les dépôts faits au profit de personnes majeures, (Voir le chapitre *Majeurs*) la mention *d'incessibilité* ne met pas obstacle au remboursement des fonds; elle a seulement pour effet d'interdire au titulaire de céder son livret (Voir le chapitre *Cession de livrets*).

461. — Lorsque le remboursement est différé, le terme du délai doit être soit le jour de la majorité, soit une date quelconque plus éloignée, soit la célébration du mariage. Cette dernière condition peut alterner avec une date fixe plus éloignée que celle de la majorité.

462. — Quand le donateur d'une somme à remboursement différé désire soumettre les intérêts à la même condition que le capital, il doit le spécifier lors du premier versement.

463. — Toutes conditions autres que celles indiquées ci-dessus sont écartées.

Les Caisses d'épargne n'admettent aucune clause de réversibilité ou de retour des fonds au donateur pour quelque cause que ce soit : décès du bénéficiaire avant le terme indiqué pour le remboursement,

1. Par suite, lorsque le mineur a moins de seize ans, le donateur a intérêt à différer le remboursement à la majorité ou au mariage, s'il ne veut pas que le représentant légal puisse retirer les dépôts.

prédécès du donataire, inexécution d'un contrat, indignité, etc.[1].

Elles n'admettent pas non plus les clauses tendant à subordonner le remboursement des dépôts au décès du donateur ou au décès d'autres personnes.

Pour la modification ou la révocation des clauses de remboursement mises aux dépôts confiés à la Caisse nationale d'épargne, voir le chapitre *Majeurs.*

464. — La personne qui effectue un premier versement, à titre de libéralité, au nom d'un mineur, doit déclarer en quelle qualité elle agit : administrateur légal, tuteur, donateur ou mandataire.

Toutefois le bienfaiteur peut garder l'anonyme.

Le donateur *ascendant* a intérêt à déclarer qu'il agit en cette qualité, l'article 747 du Code civil lui ouvrant le droit de succéder, à l'exclusion de tous autres, aux choses par lui données à ses enfants ou à leurs descendants morts sans postérité.

465. — Les sommes versées à titre de libéralité sont définitivement acquises aux bénéficiaires ou à leurs ayants droit.

Ainsi un donateur ne serait pas fondé à réclamer le montant d'un livret remboursable à la majorité du titulaire, lors même que celui-ci serait décédé avant sa vingt et unième année. Dans ce cas, le livret tombe dans la succession du défunt.

De même le donateur d'un livret remboursable au mariage du titulaire ne pourrait revendiquer les sommes versées par lui audit livret, en alléguant que la condition peut n'être jamais remplie par le bénéficiaire.

Tant que ce dernier ne contracte pas mariage, les fonds restent indisponibles : après son décès, ils sont remboursés à ses héritiers, selon les règles du droit commun en matière de succession.

466. — A moins d'une réserve contraire, expressément formulée par le donateur au moment du dépôt, les intérêts des sommes versées à titre de libéralité au nom d'un mineur et remboursables à la majorité peuvent être touchés par le père durant le mariage, et, après la dissolution du mariage, par le survivant des père et mère, jusqu'à ce que le mineur ait atteint sa dix-huitième année ou jusqu'à son émancipation (Code civil, art. 384 et 387).

1. Toutefois les fonds sont remboursés au donateur, sur la production d'un extrait de l'acte de décès du donataire, lorsque le dépôt a été opéré postérieurement à la mort du titulaire; ils sont également remboursés au donateur lorsque la libéralité n'est pas acceptée par le bénéficiaire, sur la production d'une pièce constatant le refus du titulaire ou de la personne chargée de sa tutelle.

Le père (ou la mère) n'en continue pas moins à percevoir les intérêts lorsque le mineur a atteint sa dix-huitième année; mais, dans ce cas, il agit en qualité d'administrateur ou de tuteur légal et non comme usufruitier légal.

Le tuteur autre que le père ou la mère ne peut exiger le remboursement des intérêts des sommes ainsi versées, si le droit ne lui en a pas été reconnu par le donateur lors du premier dépôt.

467. — Les intérêts des sommes versées au nom d'un mineur et remboursables à son mariage sont, sauf stipulation contraire du donateur, payés au titulaire, sur sa demande, lorsqu'il a été émancipé ou lors qu'il est devenu majeur, et bien que la condition mise au remboursement du capital n'ait pas été réalisée.

468. — Le mineur émancipé titulaire d'un livret remboursable à sa majorité n'est pas habile à recevoir, avant d'avoir atteint sa vingt et unième année, le montant en capital de ce livret, même avec l'assistance de son curateur; toutefois, il peut en toucher seul les intérêts, sauf stipulation contraire du donateur (Code civil, art. 481 et 482).

469. — Le titulaire d'un livret dont le montant n'est disponible qu'après un certain délai doit, pour en obtenir le remboursement, fournir la preuve de l'expiration de ce délai.

Si le remboursement a été subordonné à la condition du mariage, un extrait, sur papier libre, de l'acte de célébration est produit[1]; s'il a été différé à la majorité, le payement n'a lieu que sur la présentation d'un extrait, également sur papier libre, de l'acte de naissance du titulaire.

470. — Aucun remboursement de sommes provenant d'un livret dépendant d'une succession et échues à un mineur n'est effectué qu'à la personne chargée de la tutelle dudit mineur.

Le mineur émancipé ne peut en donner décharge sans l'assistance de son curateur (Code civil, art. 482).

471. — Le mineur âgé de moins de seize ans ne peut disposer du montant de son livret ni par donation entre-vifs, ni même par testament (Code civil, art. 903).

Lorsqu'il est parvenu à l'âge de seize ans accomplis, le mineur peut disposer de son livret en faveur d'un tiers, mais par testament seulement, la donation entre-vifs lui étant interdite (Code civil, art. 904).

472. — Les mineurs émancipés peuvent être choisis comme mandataires (Voir le chapitre *Procurations*).

1. A cette pièce la femme doit joindre, en outre, le consentement écrit de son mari au retrait des fonds, à moins que celui-ci ne signe avec elle la quittance de remboursement.

473. — Les dépôts d'un mineur peuvent être frappés d'opposition par son représentant légal, sans titre, ni permission du juge (Voir le chapitre *Oppositions*).

474. — Des renseignements sur le compte d'épargne du mineur qui a versé directement en vertu de l'article 6 de la loi du 9 avril 1881 ne sont fournis à son représentant légal que sur sommation ou opposition signifiée par ministère d'huissier (Voir le chapitre *Renseignements demandés par des tiers*).

475. — Le mineur a le droit de saisir-arrêter, mais non d'assigner en validité sans autorisation préalable (Voir le chapitre *Oppositions*).

Pour les achats de rente et les transferts demandés par les mineurs, voir les chapitres *Rentes* et *Transferts*.

2° *Enfants abandonnés.*

476. — L'Assistance publique a la tutelle des enfants trouvés abandonnés et orphelins qu'elle recueille (Loi du 10 janvier 1849, art. 3).

Elle confie quelquefois ces enfants à des particuliers, à charge d'opérer des versements d'épargne au profit des pupilles confiés à leur garde; mais cette circonstance n'entraîne pas de plein droit délégation de tutelle au profit des patrons des enfants assistés.

Néanmoins ces patrons prennent fréquemment, dans leurs rapports avec les Caisses d'épargne, la qualité de tuteurs des enfants qui leur sont ainsi confiés; cette irrégularité a pour conséquence de créer des difficultés, lorsque le retrait des fonds est demandé par l'Assistance publique.

La partie versante doit déclarer, au moment du premier dépôt, que l'enfant est placé sous la tutelle de l'Assistance publique, tutelle qui est exercée, à Paris, par le directeur de cette administration, et, dans les départements, par les commissions administratives des hospices ou par l'inspecteur départemental délégué du service des enfants assistés.

477. — Aucun remboursement n'est effectué, avant leur majorité, aux enfants assistés sans une demande signée par la personne chargée de la tutelle.

478. — En vertu de la loi du 15 pluviôse an XIII, article 8, les sommes ayant appartenu à des enfants assistés, décédés avant majorité, reviennent, à défaut d'héritiers, à l'Assistance publique, qui en obtient le remboursement sur la production d'un certificat de propriété, visant le jugement d'envoi en possession.

La formalité de l'envoi en possession n'est pas exigée par la Caisse nationale d'épargne et même par la plupart des Caisses d'épargne privées, notamment celle de Paris, pour cette considération que les frais qu'elle entraînerait absorberaient généralement la majeure partie de l'actif de la succession; l'Assistance publique en est dispensée contre engagement de restituer immédiatement la somme remboursée avec les intérêts courus depuis le retrait, dans le cas où cette somme serait réclamée pour quelque cause et à quelque titre que ce soit.

Afin que la somme ainsi restituée demeure en dépôt à la Caisse d'épargne, jusqu'à ce qu'il ait été décidé, à qui, de l'administration hospitalière ou du réclamant, elle sera acquise définitivement, l'Assistance publique met opposition au remboursement par ministère d'huissier.

3° *Jeunes détenus internés dans les établissements d'éducation correctionnelle.*

479. — En exécution d'un règlement général du Ministre de l'intérieur en date du 10 avril 1869, modifié par des circulaires aux dates des 10 août 1876 et 16 novembre-27 décembre 1886, les directeurs des établissements d'éducation correctionnelle versent aux Caisses d'épargne les sommes allouées aux détenus des deux sexes.

480. — Les documents relatifs aux comptes ainsi ouverts (demande de livret ou registre matricule) reçoivent la mention suivante : *Jeune détenu interné dans un établissement d'éducation correctionnelle. — Dépôt soumis aux conditions de remboursement déterminées par le Ministre de l'intérieur.*

Lorsque le titulaire du livret est déjà placé, au moment du premier versement, sous le patronage de la *Société de protection des engagés volontaires*, les documents sont revêtus, au lieu de la mention générale : *Jeune détenu interné dans un établissement d'éducation correctionnelle*, de la mention suivante : *Le remboursement n'aura lieu qu'à la libération du service militaire, sauf autorisation du président de la Société de protection des engagés volontaires.*

481. — En principe, le remboursement des sommes déposées au profit des jeunes détenus internés est différé à la majorité. Toutefois, il peut intervenir avant cette époque, comme il est prévu ci-après, tantôt en faveur du titulaire du livret, tantôt au bénéfice de l'établissement pénitentiaire. D'autre part, les jeunes détenus ne peuvent obtenir le remboursement de leur livret, même à la majorité, lorsqu'ils se sont volontairement placés, après engagement militaire, sous le patronage de la *Société de protection des engagés volontaires.*

Le tableau suivant indique les conditions dans lesquelles peut avoir lieu, exceptionnellement, le retrait des fonds.

Rembour-sements excep-tionnels	Au titulaire du livret,	Pendant la détention :		Sur l'autorisation du Ministre de l'intérieur (direction de l'Administration pénitentiaire, 1er bureau).
		Après libération correc-tionnelle jusqu'à la majorité :		*Idem.*
		En cas d'engagement militaire, jusqu'à libération militaire :	jusqu'à 20 francs.	Sur l'autorisation de la Société de protection des engagés volontaires.
			au-dessus de 20 fr.	Sur l'autorisation du Ministre de l'intérieur.
	Au directeur de l'éta-blissement péniten-tiaire,	Au cas d'évasion du détenu :		Sur l'autorisation du préfet.
		Au cas de dommage matériel causé par le détenu :		*Idem.*
		Au cas de décès du détenu pendant la détention :		Sur justification du décès, sans autorisation spéciale.

CHAPITRE XXXI

SOCIÉTÉS, COMMUNES, ÉTABLISSEMENTS PUBLICS, HOSPICES, NOTAIRES, ETC.

482. — Toute association ou société régulièrement constituée peut se faire ouvrir un compte d'épargne, sans qu'elle soit tenue d'en demander préalablement l'autorisation; cette formalité n'est nécessaire que lorsque la société sollicite l'ouverture d'un compte pouvant atteindre le maximum de 8 000 francs.

483. — Les sociétés doivent fournir à l'appui du premier versement un exemplaire ou un extrait de leurs statuts et une pièce justifiant de leur existence légale, si elle n'est établie par les statuts.

L'extrait doit reproduire notamment les articles des statuts indiquant l'objet, le mode de constitution et d'administration de la société, ainsi que les articles réglant la gestion des fonds[1].

L'exemplaire ou l'extrait des statuts est certifié exact par le président de la société.

Les Caisses d'épargne peuvent exiger pour tous les versements, sans exception, la production de toutes les pièces indiquées aux statuts pour la validité du placement des fonds.

484. — L'existence légale de la société est établie aux cas suivants :

1° Lorsqu'elle a été approuvée par le Ministre de l'intérieur ou par le

1. Les statuts des sociétés de secours mutuels prescrivent fréquemment à leurs trésoriers de placer les fonds disponibles à la Caisse des dépôts et consignations, par application de l'article 15 du décret du 26 mars 1852, qui règle les droits et les obligations desdites sociétés. Mais ce n'est pas là un obstacle au versement des fonds aux Caisses d'épargne, les dispositions du décret du 26 mars 1852 relatives au placement des deniers disponibles des sociétés de secours mutuels ayant été complétées par l'article 13 de la loi du 9 avril 1881, qui autorise ces associations à effectuer des dépôts aux Caisses d'épargne jusqu'à concurrence de 8 000 francs.

préfet du département, s'il s'agit d'une société de secours mutuels (Décret du 26 mars 1852, art. 7). — Pièce à fournir : copie de l'approbation ministérielle ou préfectorale, certifiée conforme par le président de la société;

2° Lorsqu'elle a été autorisée par le préfet du département (à Paris, par le préfet de police), ou reconnue comme établissement d'utilité publique (Code pénal, art. 291, et loi du 10 avril 1834, art. 1er). — Pièce à fournir : copie de l'autorisation administrative, certifiée conforme par le président de la société;

3° Lorsqu'elle compte moins de vingt et un membres et ne présente aucun caractère commercial (Code pénal, art. 291). — Pièce à fournir : certificat de président de la société attestant que l'association compte moins de vingt et un membres.;

4° Lorsqu'elle est constituée en syndicat ou en association professionnelle, suivant la loi du 21 mars 1884, art. 2, 3 et 4. — Pièce à fournir : certificat du maire (à Paris, du préfet de la Seine), constatant le dépôt légal des statuts du syndicat;

5° Lorsqu'elle constitue une association syndicale libre de travaux publics, organisée suivant la loi du 21 juin 1865, art. 1 et 6. — Pièce à fournir : certificat du président de la société attestant que l'acte d'association a été publié dans un journal d'annonces légales et inséré au *Recueil des actes de la préfecture*;

6° Lorsqu'elle a satisfait aux conditions de publicité exigées des sociétés commerciales par la loi du 24 juillet 1867[1]. — Pièce à fournir : certificat du greffier de la justice de paix ou du tribunal de commerce, constatant le dépôt légal de l'acte constitutif de la société;

1. La loi reconnaît trois espèces de sociétés commerciales : 1° la société en nom collectif; 2° la société en commandite simple ou par actions; 3° la société anonyme. Ces sociétés sont régies par les articles 18 et suivants du Code de commerce et la loi du 24 juillet 1867.

Indépendamment des trois espèces de sociétés désignées ci-dessus, la loi reconnaît les associations commerciales en participation, lesquelles ne sont pas sujettes aux formalités prescrites pour les autres sociétés (Code de commerce, art. 47 à 50).

Une société, bien que qualifiée de société en participation, n'en constitue pas moins une société en nom collectif, si elle a une raison sociale et un siège social (Cassation, 29 juillet 1863).

La formation des sociétés commerciales en nom collectif, en commandite et anonymes (les associations coopératives rentrent dans cette dernière catégorie) sont affranchies de la nécessité d'obtenir l'autorisation du Gouvernement.

Il n'en est pas de même des associations de la nature des tontines et des sociétés d'assurances sur la vie, mutuelles ou à prime,

7° Lorsqu'elle existe en vertu d'une loi ou d'un décret autorisant, d'une façon générale, les associations ou établissements de ce genre. — Aucune pièce à fournir.

485. — Les sociétés étrangères doivent produire une copie de l'acte de société délivrée par l'autorité compétente dans le pays où l'acte a été passé, et un certificat de coutume ou un certificat du représentant du gouvernement étranger, accrédité à Paris, constatant que l'acte a été passé suivant la loi du pays.

486. — Les dépôts des sociétés sont régis par les dispositions communes à tous les déposants, en ce qui concerne le maximum de de 2 000 francs.

Toutefois certaines sociétés peuvent, soit de plein droit, soit en vertu d'une autorisation ministérielle, élever leurs dépôts jusqu'au maximum de 8 000 francs.

Les sociétés de secours mutuels versent de plein droit jusqu'à 8 000 francs (Loi du 9 avril 1881, art. 15).

Les sociétés énumérées ci-après ont été admises, par décisions ministérielles, à élever leurs dépôts à la Caisse nationale d'épargne jusqu'à 8 000 francs :

Fabriques paroissiales (Décision du 18 janvier 1882) [1];

Compagnies de sapeurs pompiers (Décision du 27 février 1882);

Comices agricoles (Décision du 11 décembre 1882);

Cercles d'officiers (Décision du 2 février 1885);

Syndicats ou associations professionnelles (Décision du 19 janvier 1885) [2];

Tables de bord (Voir le chapitre *Succursales navales*).

487. — Les institutions de coopération, de bienfaisance et autres sociétés de même nature qui désirent élever leurs dépôts jusqu'à 8000 francs doivent en solliciter l'autorisation auprès du Ministre du commerce et de l'industrie par l'intermédiaire des Caisses d'épargne.

488. — Les établissements religieux ne pouvant effectuer l'emploi de leurs capitaux disponibles en d'autres valeurs qu'en rentes sur

1. Les églises qui ont le titre de cure, de succursale, de chapelle simple ou vicariale, d'église métropolitaine ou cathédrale peuvent seules avoir une fabrique (Loi du 18 germinal an X, art. 76).

Les chapelles de secours n'ont pas de fabrique; leur administration appartient à la fabrique dont elles dépendent.

2. La faculté de verser aux Caisses d'épargne n'a pas été reconnue aux *Unions de syndicats*, auxquelles la loi a refusé la personnalité civile, tandis qu'elle l'a accordée dans une certaine mesure aux syndicats.

l'État, l'autorisation du gouvernement leur est nécessaire pour effectuer des dépôts aux Caisses d'épargne (Ordonnances des 2 avril 1817 et 14 janvier 1831).

489. — Les communes ne peuvent verser leurs fonds disponibles aux Caisses d'épargne : leurs crédits demeurés sans emploi doivent être annulés et reportés de droit au budget de l'exercice pendant lequel la clôture a eu lieu (Décret du 31 mai 1862, art. 507).

La même interdiction est faite aux départements, leurs fonds restés libres devant être cumulés avec les ressources du budget nouveau (Loi du 10 août 1871).

490. — Les établissements généraux de bienfaisance ou d'utilité publique ne peuvent effectuer des dépôts aux Caisses d'épargne, sans l'autorisation du gouvernement, lorsque leurs services financiers se rattachent aux budgets des départements ou des communes.

491. — Les notaires ne sont pas admis à verser aux Caisses d'épargne les fonds qu'ils détiennent pour le compte de tiers (Décret du 30 janvier 1890, art. 2).

492. — Toute société est représentée auprès de la Caisse d'épargne par un mandataire, soit pour l'ensemble des opérations, au moyen d'une procuration générale, soit pour chaque opération ou pour certaines opérations seulement, par une procuration limitée.

La procuration est établie sur papier libre et sans enregistrement (modèle F). Lorsque les statuts ne prévoient pas le mode de remboursement, cette pièce est signée par les membres du bureau ou du conseil d'administration de la société et le mandataire. Toutes ces signatures sont certifiées par le président de la société qui fait légaliser la sienne par le maire.

Lorsque le mandataire vient à être remplacé, le nouveau fondé de pouvoirs est accrédité auprès de la Caisse d'épargne par une procuration établie dans la forme prévue ci-dessus[1].

493. — Les dépôts des sociétés suspendues ou dissoutes doivent être refusés à compter du jour où l'arrêté de suspension ou de dissolution a été régulièrement notifié par l'autorité administrative.

494. — Chacun des membres d'une société peut posséder un livret à son nom personnel sans préjudice de sa part dans le livret collectif au nom de la société.

1. Certaines Caisses d'épargne privées ne remboursent que sur la production d'un extrait du registre des délibérations du conseil de la société, signé du président et du trésorier dont les signatures doivent être légalisées par le maire.

Le trésorier signe seul la quittance.

CHAPITRE XXXII

MARINS

495. — Des livrets d'épargne sont ouverts aux officiers et aux marins comme aux autres déposants (Voir le chapitre *Premiers versements*).

496. — Tout officier ou marin peut obtenir la délivrance d'un livret de la Caisse nationale d'épargne par l'intermédiaire d'une succursale navale (Voir le chapitre *Succursales navales de la Caisse nationale d'épargne*).

497. — Les livrets d'épargne des marins disparus dont la mort ne peut être établie ni administrativement, ni par acte de l'état civil[1], ne sont remboursés aux héritiers des titulaires qu'autant que ces héritiers ont obtenu un jugement déclaratif d'absence et qu'ils ont été envoyés en possession provisoire (Voir le chapitre *Absents*).

Quant aux marins dont le décès peut être établi administrativement, c'est-à-dire soit au moyen d'un procès-verbal de disparition en mer, soit par un certificat constatant que le navire est réputé avoir péri corps et biens, soit par tout autre acte faisant présumer la mort, les fonds provenant de leur compte d'épargne sont remis aux héritiers par l'intermédiaire de l'établissement des Invalides de la marine.

Dans ce cas, le remboursement est autorisé au nom du trésorier général des Invalides, sur sa demande et sur le vu d'une décision du Ministre de la marine permettant à ce fonctionnaire de verser les fonds aux ayants droit du défunt, sans exiger d'eux la production d'un acte de décès en forme.

1. Voir, à l'appendice V, la loi du 9 juin 1893 relative aux actes de procuration, de consentement et d'autorisation maritale dressés aux armées ou dans le cours d'un voyage maritime.

498. — L'établissement des Invalides de la marine est chargé de recueillir les produits des successions des marins morts en cours de voyage maritime, lorsque ces successions ne sont pas réclamées par les héritiers (Loi du 13 mai 1791, art. 4).

Le montant des livrets d'épargne dépendant de ces successions est remboursé à la demande et sur l'acquit du trésorier général des Invalides de la marine, caissier des gens de mer.

CHAPITRE XXXIII

MILITAIRES[1]

499. — Des livrets d'épargne sont ouverts aux officiers et aux soldats dans les mêmes conditions qu'aux autres déposants (Voir le chapitre *Premiers versements*).

500. — Les vaguemestres ne sont pas chargés des opérations d'épargne des officiers et soldats.

Seuls les vaguemestres des hôpitaux militaires et des maisons pénitentiaires peuvent effectuer des retraits de fonds aux Caisses d'épargne au nom des déposants placés dans ces établissements, sur la demande et au moyen d'une procuration[2] sous seing privé émanant des intéressés (Décision du Ministre de la guerre du 15 septembre 1888).

En dehors de ce cas, et conformément d'ailleurs aux dispositions de l'article 203 du décret du 28 décembre 1883, portant règlement sur le service intérieur des troupes d'infanterie, les vaguemestres ne peuvent être chargés des opérations d'épargne des officiers et soldats.

501. — La signature d'un militaire, titulaire d'un livret d'épargne, peut être certifiée par le chef de corps sur toute demande de remboursement, d'achat de rente ou de transfert; l'attestation doit être appuyée du timbre du régiment.

Cette attestation n'est admise cependant par les Caisses d'épargne privées qu'autant que les militaires résident aux colonies.

502. — Aucun texte de loi n'enlève au militaire déserteur le droit de constituer un mandataire pour retirer ses dépôts d'épargne.

1. Voir, pour les *Agents et ouvriers de l'administration centrale et des magasins administratifs de la guerre*, le chapitre consacré à cette catégorie de déposants.

2. Voir, à l'appendice V, la loi du 9 juin 1893 relative aux actes de procuration dressés aux armées ou dans le cours d'un voyage maritime.

503. — Aux termes d'une circulaire du Ministre de la guerre, en date du 8 janvier 1859, modifiée par des circulaires ultérieures, les conseils d'administration militaires versent aux Caisses d'épargne le montant de la masse dite des fonds particuliers, qui appartiennent, indépendamment de la masse de petit équipement, aux militaires provenant des établissements pénitentiaires, réintégrés au corps après expiration de leur peine.

De même les commandants des compagnies de discipline versent, en exécution d'une circulaire du ministre de la Guerre du 27 novembre 1874, certaines sommes appartenant aux hommes incorporés dans ces compagnies.

Les sommes ainsi versées sont la propriété exclusive des militaires dont il s'agit, et elles ne peuvent être l'objet d'aucune retenue de la part des conseils d'administration, même pour frais de justice : le recouvrement de ces frais doit être poursuivi, le cas échéant, par les voies légales.

504. — Les demandes de livret faites au nom des militaires condamnés reçoivent les mentions suivantes : *Dépôt fait en exécution de la circulaire du Ministre de la guerre en date du* (8 janvier 1859 ou 27 novembre 1874, selon le cas). — *La signature du titulaire du livret sur les demandes de remboursement présentées avant son passage dans la réserve de l'armée active devra toujours être visée par son chef de corps.*

Toute demande de remboursement est signée par le titulaire du livret en même temps qu'elle est visée, jusqu'à l'expiration de son service militaire, par le président du conseil d'administration du corps.

Le titulaire donne seul quittance du remboursement effectué.

505. — Les militaires ayant subi des condamnations ne recouvrent pas, en cas d'envoi en disponibilité, la pleine et entière jouissance des livrets ouverts à leur profit en exécution des circulaires visées plus haut. Ce droit ne leur est acquis que lorsqu'ils cessent de faire partie de l'armée active, ce dont ils justifient par la production d'un certificat ou d'une pièce authentique constatant leur passage dans la réserve de l'armée active.

506. — Les anciens condamnés militaires libérés du service, titulaires d'un livret de la Caisse nationale d'épargne, ont la faculté d'établir, au corps ou à l'établissement où ils se trouvent, leur demande de retrait de fonds le jour de leur libération, et de faire viser immédiatement cette demande par l'autorité militaire pour le remboursement (Circulaire du Ministre de la guerre du 31 mai 1892).

L'autorisation de remboursement est adressée poste restante dans la localité fixée par l'autorité militaire pour le remboursement.

507. — Pour les anciens condamnés militaires, libérés du service, titulaires d'un livret de Caisse d'épargne privée, une autre marche est suivie. Le conseil d'administration envoie à l'avance (quinze jours, ou plus, suivant les lieux de garnison) au directeur de la Caisse d'épargne privée, le livret acquitté à rembourser, pour recevoir, en échange, un mandat sur le Trésor. Ce mandat, qui est délivré au nom du déposant, est remis à celui-ci, avant son départ, par les soins du conseil d'administration.

Le militaire libéré, à son retour dans ses foyers, présente le mandat au percepteur de sa résidence, qui, après autorisation du trésorier général, lui en paye le montant en numéraire (Décision du Ministre de la guerre du 20 juillet 1883 — Circulaire du Ministre du commerce et de l'industrie du 10 octobre 1883).

508. — Les militaires condamnés à la peine des travaux forcés à temps, de la détention, de la réclusion ou du bannissement, se trouvant exclus des rangs de l'armée (Code pénal, art. 34), n'ont plus à fournir les justifications exigées par les circulaires ministérielles des 8 janvier 1859 et 27 novembre 1874.

509. — En cas de décès au corps des anciens militaires condamnés, les fonds, s'ils ont été déposés à une Caisse d'épargne privée, sont retirés par le conseil d'administration pour être remis aux héritiers ayant justifié de leurs droits (Circulaire du ministre de la guerre du 8 janvier 1859).

Les conseils d'administration ne sont pas fondés à demander le remboursement des livrets de la Caisse nationale d'épargne ayant appartenu à des militaires décédés au corps, lors même que les héritiers sont réputés inconnus ou disparus.

Dans ce cas, les livrets sont déposés par les conseils d'administration soit à la Caisse nationale d'épargne, soit à la Caisse des dépôts et consignations, ainsi qu'il est admis par la loi du 28 juillet 1875 pour tous les autres titres ou valeurs mobilières (Circulaire du Ministre de la guerre du 10 février 1888).

CHAPITRE XXXIV

AGENTS ET OUVRIERS DE L'ADMINISTRATION CENTRALE ET DES MAGASINS ADMINISTRATIFS DE LA GUERRE

510. — Les retenues exercées sur le salaire de certains agents ou ouvriers de l'administration centrale et des magasins administratifs de la guerre, âgés de plus de cinquante-cinq ans, peuvent être versées aux Caisses d'épargne (Arrêtés des 27 janvier 1887 et 30 juillet 1889).

511. — Les versements des retenues sont effectués par les soins de l'officier-comptable, qui présente à l'appui deux bordereaux distincts : l'un sur lequel sont inscrites les sommes déposées à titre de premiers versements; l'autre, les sommes versées au nom des personnes déjà titulaires d'un livret.

512. — Le remboursement de ces dépôts ne peut avoir lieu que sur autorisation du chef de service, appuyée d'une empreinte du timbre officiel, ou sur justification, par les intéressés, de leur sortie de l'administration centrale ou des magasins de la Guerre.

513. — Indépendamment du compte destiné à recevoir le montant des retenues exercées sur leur salaire, les agents et ouvriers de l'administration centrale et des magasins de la Guerre peuvent posséder un compte d'épargne pour les fonds provenant de leurs économies personnelles.

CHAPITRE XXXV

CANTONNIERS

514. — Les retenues exercées sur les salaires des cantonniers âgés de plus de soixante ans et maintenus en activité sont versées aux Caisses d'épargne (Circulaire de la Direction générale de la comptabilité publique du 29 juillet 1885).

515. — Ces versements sont effectués par les soins du conducteur-régisseur, qui fournit à l'appui deux états nominatifs distincts, certifiés par l'ordonnateur, indiquant : l'un, les sommes versées au nom des cantonniers n'ayant pas encore de compte d'épargne ouvert; l'autre, les sommes versées au nom des cantonniers déjà titulaires d'un livret.

516. — Les sommes ainsi versées ne sont remboursées aux intéressés qu'avec le concours de leur chef de service (ingénieur ou agent-voyer en chef), à moins qu'ils ne fassent la preuve de leur sortie de l'administration.

517. — Les cantonniers peuvent se faire ouvrir pour les fonds provenant de leurs économies personnelles un compte distinct de celui alimenté par les retenues opérées sur leurs salaires.

CHAPITRE XXXVI

AVEUGLES ET SOURDS-MUETS

518. — Lorsque le déposant qui effectue un premier versement est aveugle, il doit faire figurer sa signature écrite ou poinçonnée sur la demande de livret ou sur le registre matricule (Voir le chapitre *Premiers versements*).

Pour les retraits de fonds, la quittance peut être donnée de la même manière; toutefois la remise des espèces n'a lieu qu'en présence de témoins, qui attestent que le payement a été effectué.

Les aveugles illettrés sont soumis, en ce qui concerne le retrait de leurs dépôts, aux mêmes formalités que les autres déposants ne sachant pas signer (Voir le chapitre *Remboursements*).

519. — L'état d'un déposant sourd-muet sachant écrire ne met pas empêchement à ce qu'il verse sans l'assistance d'un mandataire et retire de même ses dépôts; s'il est illettré, il doit être représenté par un mandataire porteur d'une procuration passée devant un notaire ou le maire de sa résidence.

CHAPITRE XXXVII

ABSENTS

520. — Au point de vue du droit, le mot *absent* a une signification plus restreinte que celle qu'on lui attache dans le langage du monde : il désigne une personne qui a disparu de son domicile ou de sa résidence depuis un certain temps et dont l'existence est douteuse.

521. — La loi distingue trois périodes en matière d'absence : 1° la présomption d'absence; 2° la déclaration d'absence; 3° l'envoi en possession définitif (Code civil, art. 112 à 129).

522. — Pendant la première période, le remboursement du compte d'épargne du présumé absent ne peut être accordé qu'au curateur commis par le tribunal à l'administration des biens, et qui justifie avoir été investi expressément, en cette qualité, du pouvoir d'effectuer le retrait des dépôts. Cette justification est exigée, dans tous les cas, par les Caisses d'épargne, en raison de ce que les actes des curateurs sont généralement limités à des mesures conservatoires.

523. — Lorsque l'absence est déclarée, le remboursement du compte d'épargne est autorisé au profit des envoyés en possession provisoire, sur la production d'un certificat de propriété, visant la grosse[1] du jugement d'envoi en possession provisoire, déposée pour minute au notaire, et la minute d'un intitulé d'inventaire ou d'un acte de notoriété établissant les qualités des héritiers présomptifs du déclaré absent.

524. — L'envoi en possession définitif, qui peut être obtenu trente ans après la déclaration d'absence, ou s'il s'est écoulé cent ans depuis la naissance de l'absent, constitue la troisième et dernière période de l'absence.

1. On entend par *grosse* la copie d'un acte authentique délivrée en forme exécutoire.

Les envoyés en possession définitive sont fondés à demander le remboursement du livret de l'absent sur la présentation d'un certificat de propriété visant la grosse du jugement d'envoi en possession.

525. — Lorsque des envoyés en possession sont décédés ou ont transporté leurs parts, les Caisses d'épargne exigent des nouveaux intéressés un certificat de propriété, visant la grosse du jugement d'envoi en possession, délivré par le notaire détenteur des actes établissant leurs droits.

526. — La femme titulaire d'un livret pris avec l'assistance de son mari ne peut, au cas d'absence de celui-ci, réclamer valablement le retrait de ses dépôts que si elle a préalablement obtenu un jugement qui la nomme administratrice de la communauté et lui donne le pouvoir de retirer les sommes par elle versées.

527. — En l'absence de son mari, la femme ne peut recueillir, par voie de succession, une somme provenant d'un compte d'épargne qu'avec l'autorisation de justice, à moins qu'il ne s'agisse de biens paraphernaux (Code civil, art. 1576, et Code de procédure civile, art. 863).

528. — Le remboursement du livret d'épargne de la femme présumée ou déclarée absente ne peut être effectué entre les mains du mari commun en biens que s'il a opté pour la continuation de la communauté (Code civil, art. 124). Lorsque c'est le mari qui est absent, les droits de la femme sont moins étendus; elle ne peut obtenir le remboursement du livret d'épargne de son conjoint sans y être autorisée par la justice.

529. — Le livret d'épargne du mineur dont le père a disparu est remboursé, à la demande de la mère, sur la remise d'un certificat, établi sur papier libre, par le maire ou le juge de paix, constatant que le père a disparu depuis au moins six mois et que la mère est chargée de l'entretien et de l'éducation de l'enfant.

La loi reconnait, en effet, à la mère, lorsque le père a disparu, tous les droits de ce dernier, quant à l'éducation et à l'administration des biens de leurs enfants mineurs (Code civil, art. 141).

530. — La part revenant dans une succession à un absent est, aux termes de l'article 136 du Code civil, dévolue exclusivement à ceux avec lesquels il aurait eu le droit concourir, ou à ceux qui l'auraient recueillie à son défaut; mais la doctrine et la jurisprudence sont divisées quant à l'époque de l'absence à laquelle cette disposition est applicable.

Dans ces conditions, lorsqu'un absent est exclu d'une succession et que des doutes sérieux ne s'élèvent pas sur son existence, les Caisses d'épargne retiennent sa part sur le montant du livret, sauf à s'en rapporter à la justice, si les héritiers présents les assignent en remboursement à leur profit de la totalité du compte d'épargne.

CHAPITRE XXXVIII

DÉPOSANTS POURVUS D'UN CONSEIL JUDICIAIRE

531. — Lors du premier dépôt au nom d'une personne pourvue d'un conseil judiciaire celui-ci doit produire une copie ou un extrait du jugement contenant sa nomination en cette qualité.

532. — L'individu pourvu d'un conseil judiciaire ne peut, sans l'assistance de ce conseil, accomplir certains actes civils énumérés limitativement par la loi (Code civil, art. 513). Au nombre de ces actes est compris celui de recevoir un capital mobilier et d'en donner décharge.

Il suit de là que toute demande de remboursement formée au nom d'un déposant qui se trouve dans ces conditions n'est recevable qu'autant qu'elle est revêtue de la signature du titulaire et de celle de son conseil, et appuyée d'un extrait du jugement contenant nomination de ce dernier.

533. — Les formalités ci-dessus ne sont pas applicables aux demandes de remboursement portant exclusivement sur les intérêts : l'individu majeur soumis à l'autorité d'un conseil judiciaire conserve la capacité de droit commun pour toucher, sur sa seule quittance, ses intérêts et revenus.

534. — Aucun remboursement de sommes provenant d'un livret dépendant d'une succession et échues à un déposant pourvu d'un conseil judiciaire n'est effectué à l'intéressé que s'il est assisté de son conseil.

535. — Le déposant soumis à un conseil judiciaire peut continuer seul ses opérations d'épargne dès qu'il a repris l'exercice de ses droits, ce dont il justifie par la production d'un extrait, délivré par le greffier compétent, du jugement ou de l'arrêt portant mainlevée de conseil judiciaire (Loi du 16 mars 1893 et décret du 9 mai suivant).

CHAPITRE XXXIX

FAILLITE — LIQUIDATION JUDICIAIRE

536. — Le remboursement du livret d'épargne d'un déposant en état de faillite est accordé au syndic de la faillite, sur la production d'un extrait du jugement déclaratif de la faillite contenant sa nomination en qualité de syndic.

En ce qui concerne les fonds échus au failli par succession, le remboursement en est accordé au syndic sur la production d'un certificat de propriété visant le jugement déclaratif de la faillite.

Lorsque plusieurs syndics ont été nommés, il est nécessaire qu'ils agissent collectivement.

537. — Les fonds versés au nom de la femme du failli sont remboursés au syndic, sur sa demande : la présomption légale est que les biens acquis par la femme du failli appartiennent à son mari, ont été payés de ses deniers et doivent être réunis à la masse de son actif, sauf à la femme à fournir la preuve du contraire (Code de commerce, art. 559).

538. — Le failli ne perd pas ses droits sur l'administration des biens de sa femme et de ses enfants mineurs tant que le tribunal n'a pas prononcé contre lui la séparation de biens et la destitution de la tutelle; jusque-là, il est fondé à assister sa femme et ses enfants dans leurs opérations d'épargne.

539. — Le failli rétabli à la tête de ses affaires et remis en possession de ses biens doit en faire la preuve au moyen d'un certificat délivré par le notaire détenteur de la grosse du jugement de réhabilitation et de l'original de l'acte de reddition de compte du syndic.

540. — Les remboursements faits à des commissaires désignés dans un concordat à l'effet de recouvrer les deniers d'une faillite doivent être appuyés : 1° de l'expédition du concordat; 2° de l'expédition du jugement d'homologation.

541. — Le déposant en état de liquidation judiciaire ne peut retirer seul tout ou partie des sommes inscrites à son livret d'épargne (Loi du 5 mars 1889, art. 5).

Il doit être assisté par le liquidateur judiciaire qui signe avec lui toute demande et toute quittance de remboursement.

CHAPITRE XL

ALIÉNÉS NON INTERDITS

542. — Les receveurs ou économes des asiles publics d'aliénés peuvent placer aux Caisses d'épargne les fonds appartenant aux malades en traitement dans ces établissements.

543. — Lors du premier versement, ils doivent déclarer le nom de la personne qui remplit auprès de l'aliéné les fonctions d'administrateur provisoire, ainsi que la date de sa nomination en cette qualité.

544. — L'administrateur provisoire donné à l'aliéné entretenu dans un établissement privé doit produire, au moment du premier versement, une copie ou un extrait du jugement l'investissant de ses fonctions[1].

545. — Les receveurs ou économes des asiles publics doivent faire connaître si les sommes versées au nom des aliénés représentent des fonds de *pécule* ou des fonds en *dépôt*.

Les fonds de pécule constituent la rémunération accordée par les asiles aux aliénés qui travaillent. Le receveur ou économe peut en obtenir le remboursement sur sa seule signature, appuyée du timbre administratif de l'asile, et ils reviennent de plein droit à l'établissement au décès des aliénés (Règlement officiel du service intérieur des asiles publics d'aliénés, du 20 mars 1857, art. 163).

Les fonds en dépôt, qui appartiennent en propre aux aliénés, sont remboursés à la demande des administrateurs provisoires, et sur l'acquit du receveur ou économe de l'asile.

546. — Le remboursement du compte d'épargne de l'aliéné non interné dans un asile public ou placé dans un établissement privé n'est accordé qu'à l'administrateur provisoire commis par le tribunal pour

1. La nomination de l'administrateur provisoire donné à l'aliéné non interné dans un asile public doit être renouvelée tous les trois ans, tant qu'il y a lieu.

prendre soin de sa personne et de ses biens, et lorsque, d'ailleurs, il a été expressément autorisé à recevoir les fonds, ce dont il doit justifier par la production d'une copie ou d'un extrait du jugement contenant sa nomination.

547. — Aux termes de l'article 8 de la loi du 27 février 1880, les administrateurs provisoires, nommés en exécution de la loi du 30 juin 1838, ne peuvent vendre ou transférer, sans y être préalablement autorisés par la commission administrative, les rentes, actions, parts d'intérêts, obligations et autres meubles incorporels appartenant aux aliénés. Cette règle est-elle applicable aux fonds d'épargne? L'affirmative paraît douteuse.

En effet, les dépôts d'épargne constituent un placement essentiellement temporaire; leur retrait revêt, dès lors, non le caractère d'une aliénation, mais d'un simple acte d'administration.

548. — La loi du 30 juin 1838 ne dit pas si ses dispositions concernent les aliénés mineurs; mais les jurisconsultes inclinent à penser que ceux-ci, lorsqu'ils sont pourvus d'un tuteur et non émancipés, peuvent être exceptés de l'administration provisoire.

D'après cette opinion, les Caisses d'épargne rembourseraient valablement au représentant légal les dépôts d'épargne du mineur aliéné, lorsque ces dépôts n'auraient pas été versés directement par le titulaire; mais l'intervention de l'administrateur provisoire semblerait nécessaire si les fonds avaient été versés directement : la capacité exceptionnelle conférée aux mineurs, par l'article 6 de la loi du 9 avril 1881, constitue, en effet, une émancipation partielle qui doit avoir pour conséquence, au cas d'internement des intéressés, de faire passer la gestion de leurs fonds d'épargne dans les mains des commissions administratives des établissements publics d'aliénés, comme s'il s'agissait de biens de majeurs.

549. — Toute demande d'achat de rente, de transfert ou de changement de série au nom d'un aliéné doit être signée par l'administrateur provisoire.

550. — L'administrateur provisoire qui demande le remboursement d'un livret d'épargne échu, par succession, à un aliéné interné non interdit produit les justifications suivantes : 1° une expédition de la délibération de la commission administrative ou de surveillance de l'établissement où l'aliéné est interné, qui l'a commis aux fonctions d'administrateur provisoire; 2° un certificat du directeur de l'établissement constatant que la personne aliénée y est toujours enfermée; 3° un certificat de propriété établissant les droits de l'aliéné.

Lorsque l'administrateur a été commis par jugement, il produit, avec le certificat de propriété, une expédition ou un extrait du jugement (Code civil, art. 497).

551. — Les administrateurs provisoires désignés par les commissions administratives n'ont pas qualité pour obtenir le remboursement des fonds en *dépôt* appartenant à des aliénés étrangers placés dans des hospices ou établissements publics d'aliénés.

Le retrait de ces fonds n'est valablement effectué qu'entre les mains du représentant officiel en France du pays du titulaire.

552. — La personne placée dans un asile public ou dans un établissement privé d'aliénés qui n'y est plus retenue peut continuer seule ses opérations d'épargne, sur la présentation d'un certificat, délivré par le préposé responsable de l'asile ou de l'établissement privé, constatant sa guérison et sa sortie.

CHAPITRE XLI

INTERDITS

553. — L'interdiction emporte la privation de l'exercice des actes de la vie civile. L'interdit est assimilé au mineur pour sa personne et pour ses biens (Code civil, art. 509).

Le premier effet de l'interdiction est la nomination d'un tuteur et d'un subrogé-tuteur à l'interdit.

La tutelle des interdits est dative, à moins qu'il ne s'agisse d'une femme mariée, auquel cas la tutelle appartient de droit au mari (Code civil, art. 506).

Le père de l'interdit peut ne pas être son tuteur, et le conseil de famille a la faculté de nommer à la tutelle tout autre parent ou allié.

554. — Lorsqu'un premier versement est effectué au nom d'un interdit, le tuteur doit produire une copie ou un extrait, délivré par le greffier compétent, du jugement ou de l'arrêt d'interdiction, ou une copie ou un extrait de la délibération du conseil de famille qui lui a confié la tutelle.

555. — Toute demande de remboursement, d'achat de rente ou de transfert formée au nom d'un interdit est signée par le tuteur.

556. — Lorsque la signature du tuteur n'est pas connue, ou lorsque l'interdiction a été prononcée postérieurement au premier dépôt, la demande de remboursement doit être appuyée des pièces suivantes : 1° un extrait, délivré par le greffier compétent, du jugement ou de l'arrêt d'interdiction, ou une copie ou extrait de la délibération du conseil de famille qui lui a confié la tutelle ; 2° un certificat délivré par le directeur de l'établissement où l'interdit est placé, constatant l'existence de celui-ci. Toutefois la dernière justification n'est requise que lorsque l'interdit est interné dans une maison hospitalière.

557. — La femme peut être nommée tutrice de son mari (Code civil,

art. 507); elle peut également être appelée à l'exercice de la puissance paternelle, qui comprend l'administration légale.

Le cas échéant, elle est fondée à retirer les fonds d'épargne de son mari ou de ses enfants mineurs sur la production des justifications énumérées ci-dessus.

558. — L'interdit ordinaire ne reprend l'exercice de ses droits que lorsqu'un jugement a prononcé la mainlevée de son interdiction, ce dont il justifie par la présentation d'un extrait, délivré par le greffier compétent, du jugement ou de l'arrêt portant mainlevée d'interdiction.

559. — L'interdiction légale, constituée par l'article 29 du Code pénal, exclut de toute administration et jouissance de ses biens l'individu condamné à la peine des travaux forcés à temps, de la détention ou de la réclusion.

Il en résulte que le déposant qui tombe sous le coup d'une interdiction légale perd la libre disposition des fonds inscrits à son livret d'épargne; pendant la durée de sa peine, ces fonds ne peuvent être retirés que par la personne nommée, dans les formes prescrites pour les nominations de tuteurs aux interdits, à l'effet de gérer et d'administrer ses biens.

Toutefois le gouvernement peut accorder aux condamnés aux travaux forcés à temps le droit de jouir ou de disposer de tout ou partie de leurs biens (Loi du 30 mai 1854).

Les déposants condamnés qui se prévaudraient d'un bénéfice de cette nature devraient en faire la preuve pour obtenir le remboursement de leurs dépôts.

560. — Les biens des condamnés par contumace aux travaux forcés à temps sont séquestrés et régis comme biens d'absent par l'administration des domaines (Code d'instruction criminelle, art. 471).

CHAPITRE XLII

SÉQUESTRE

561. — Les fonctions de séquestre judiciaire n'impliquent pas le droit d'aliéner. Il s'ensuit que les Caisses d'épargne ne peuvent valablement vider leurs mains entre celles d'un séquestre judiciaire que si l'ordonnance du juge ou le jugement a implicitement reconnu à celui-ci le droit de retirer le montant du ou des livrets dont il a la garde.

CHAPITRE XLIII

RENSEIGNEMENTS DEMANDÉS PAR DES TIERS

562. — Les Caisses d'épargne doivent observer le secret sur toutes les opérations effectuées dans leurs bureaux.

Toutefois, elles doivent déférer aux réquisitions des officiers de police judiciaire, aux ordonnances de juges agissant dans un intérêt d'ordre public et aux réquisitoires des préfets agissant en vertu de l'article 10 du Code d'instruction criminelle.

563. — Le réquisitoire, pour être régulier, doit être signé par le procureur de la République, ou le juge d'instruction du ressort, soit par le préfet de police, à Paris, ou par le préfet, dans les départements, soit encore par les officiers de l'armée de terre ou de mer remplissant les fonctions de magistrats instructeurs, ou revêtus des attributions du ministère public près les conseils de guerre ou les tribunaux maritimes.

Le réquisitoire est encore signé valablement par les officiers de police judiciaire auxiliaires du procureur de la République : juges de paix, officiers de gendarmerie, maires, adjoints de maire et commissaires de police. Il doit alors, sauf le cas de flagrant délit, contenir copie de la commission rogatoire qui habilite l'officier de police auxiliaire à le signer.

564. — Les réquisitoires sont conservés à la place des documents communiqués avec le reçu tiré des magistrats qui les ont signés.

Toutes les fois que la communication des pièces originales n'est pas demandée expressément, il est fourni une copie ou un extrait de ces pièces.

565. — En l'absence de réquisition judiciaire, les Caisses d'épargne ne sont déliées de l'obligation d'observer le secret sur leurs opérations qu'à l'égard : 1° du mari, du représentant légal ou du créancier[1] du

1. Il est à remarquer que les créanciers ne peuvent obtenir des rensei-

déposant, lorsqu'ils ont frappé le compte de celui-ci d'une opposition[1], signifiée par ministère d'huissier[2]; 2° des héritiers ou légataires d'un déposant décédé, lorsqu'ils ont justifié de leurs droits à sa succession par une pièce d'hérédité.

566. — Le compte d'épargne d'un déposant en état de faillite est porté, quant à son montant, à la connaissance du syndic de la faillite, sur la demande de ce dernier appuyée d'un certificat, délivré par le greffier du tribunal de commerce et visé par le juge commissaire, constatant la date du jugement déclaratif de la faillite et la nomination du demandeur en qualité de syndic provisoire ou définitif.

567. — Il est également satisfait à toute demande de renseignements formée, au nom des héritiers d'un déposant étranger décédé, par un agent consulaire accrédité auprès de la République française, lorsqu'à cette demande se trouve joint l'acte ou un extrait de l'acte de décès du titulaire.

568. — La communication d'un livret soldé ne peut être refusée au titulaire ou à l'ayant droit qui en a touché le montant et qui justifie de son identité.

569. — Le titulaire d'un livret soldé qui sollicite un relevé de son compte, pour être produit en justice, doit joindre à sa demande le papier timbré nécessaire pour établir ledit relevé (Loi sur le timbre du 13 brumaire an VII, art. 12).

570. — Des renseignements sur le compte d'épargne d'un déposant décédé sont fournis au notaire qui les réclame en qualité de liquidateur de la succession.

571. — A moins qu'elles ne soient appuyées d'une permission du juge, il n'est pas donné suite aux demandes de renseignements formées par les avocats et les avoués, ces renseignements étant, en général, destinés à être produits, devant les tribunaux, à l'appui de prétentions contestées, à l'égard desquelles il est du devoir des Caisses d'épargne de se renfermer dans la plus stricte neutralité.

gnements sur les rentes achetées à un déposant, ces valeurs échappant à toute action de la part des tiers (Loi du 11 juin 1878).

1. L'opposition du mari et du représentant légal peut être remplacée par une sommation par ministère d'huissier.

2. L'opposition ouvre au créancier, lorsque les formalités prescrites par les articles 563 et 564 du Code de procédure civile ont été remplies, le droit de réclamer un certificat constatant la somme due au saisi par la Caisse d'épargne; mais elle ne l'autorise pas à réclamer le détail des opérations — versements et remboursements — ni la communication du livret (Voir le chapitre *Oppositions*).

572. — Les Caisses d'épargne ne révèlent pas au mari ou au père qui effectue un dépôt au nom de sa femme ou de ses enfants, ayant *versé directement* leurs fonds en vertu de l'article 6 de la loi du 9 avril 1881, si les bénéficiaires sont déjà titulaires d'un compte d'épargne.

La même réserve est observée à l'égard des donateurs.

573. — Lorsque des renseignements sont demandés par un tiers en vue de découvrir le domicile d'un déposant, l'intéressé est invité à s'adresser au procureur de la République, lequel apprécie s'il doit réclamer le concours de la Caisse d'épargne pour faire donner satisfaction au requérant.

574. — Les préposés de l'enregistrement ne peuvent exercer ni à la Caisse nationale d'épargne, ni dans les Caisses d'épargne privées, le droit de communication qui est accordé à leur administration dans les établissements publics par l'article 1er du décret du 4 messidor an XIII et l'article 54 de la loi du 22 frimaire an VII (Solution de la Régie en date du 18 novembre 1882. — Recueil général des lois et arrêts, *Sirey*, 1884).

CHAPITRE XLIV

RÉCLAMATIONS

575. — Toute réclamation concernant un compte ouvert par une Caisse d'épargne privée doit être adressée franco de port au caissier de cet établissement.

576. — Les réclamations verbales peuvent être adressées, au cours des séances publiques, à l'administrateur de service.

577. — Les réclamations concernant le service de la Caisse nationale d'épargne peuvent être adressées non affranchies soit aux receveurs, soit aux directeurs des Postes et des Télégraphes dans les départements, soit au directeur général des Postes et des Télégraphes à Paris (Direction de la Caisse nationale d'épargne).

578. — Les réclamations concernant le service des succursales étrangères de la Caisse nationale d'épargne sont reçues par le consul ou le vice-consul, qui les transmet, s'il y a lieu, au directeur général des Postes et des Télégraphes.

579. — Les Caisses d'épargne n'ont pas à suivre les réclamations qui leur sont adressées concernant les certificats de propriété soumis à tort aux formalités du timbre et de l'enregistrement par les notaires et les juges de paix; elles sont sans action sur les officiers ministériels et magistrats investis par la loi du droit de dresser ces actes.

Il appartient aux intéressés de saisir eux-mêmes l'autorité qui est compétente pour statuer sur ces réclamations.

CHAPITRE XLV

SUCCURSALES NAVALES DE LA CAISSE NATIONALE D'ÉPARGNE[1]

580. — Une succursale de la Caisse nationale d'épargne est établie dans chacune des divisions des équipages de la flotte et à bord de chacun des bâtiments de l'État (Décret du 22 novembre 1886).

Cette succursale est gérée par le conseil d'administration ou le commandant-comptable.

581. — Tout officier ou marin peut obtenir la délivrance gratuite d'un livret de la Caisse nationale d'épargne par l'intermédiaire d'une succursale navale.

Les livrets ainsi ouverts sont dénommés : *livrets de séries marines.*

582. — Les opérations d'une succursale navale peuvent être effectuées tous les jours, sauf le dimanche, aux heures fixées par le commandant de la division ou du bâtiment.

Les sommes provenant des versements sont déposées dans la caisse du bâtiment ou de la division; la même caisse fournit les sommes nécessaires aux remboursements.

1° *Demandes de livret et premiers versements.*

583. — Tout officier ou marin qui fait un premier versement à une succursale navale doit former en même temps une demande de livret.

Cette demande est faite en double expédition; en ce qui concerne le personnel non officier, elle est établie par les soins du capitaine de compagnie, du trésorier de la division, de l'officier d'administration ou

1. Voir le chapitre *Marins.*

du commandant comptable du bâtiment; elle porte, toutefois, la signature de l'intéressé, quand il sait signer; s'il ne sait pas signer, mention en est faite, sur la demande, par l'officier qui l'a établie : cette mention est certifiée par la signature de deux témoins.

584. — La demande de livret énonce le nom de famille, les prénoms, la date et le lieu de naissance, et la situation au service du déposant.

Ces renseignements doivent être écrits très lisiblement, sans aucune abréviation, rature ou surcharge.

Toute irrégularité ou omission dans les indications de l'état civil du déposant pourrait entraîner la production d'un acte de notoriété rectificatif et mettre obstacle au remboursement des dépôts.

Lorsque la demande de livret concerne un officier, elle doit, en outre, recevoir la mention suivante, certifiée par le délégué du conseil d'administration ou le commandant comptable : *M. X..., ayant qualité d'officier, peut, quand il n'est pas embarqué, effectuer ses opérations d'épargne dans tous les bureaux de poste de France, d'Algérie, de Tunisie et de la principauté de Monaco.*

585. — Le déposant doit déclarer, dans la demande de livret, qu'il n'est titulaire d'aucun autre livret, soit de la Caisse nationale d'épargne, soit d'une Caisse d'épargne privée.

Toutefois l'interdiction de posséder plusieurs livrets comporte certaines exceptions, qui sont indiquées au chapitre *Pénalités applicables aux titulaires de plusieurs livrets.*

586. — La demande de livret concernant un marin mineur doit indiquer les nom et prénoms de la personne chargée de la tutelle ou de l'administration des biens dudit mineur (Voir le chapitre *Mineurs*).

Dans tous les cas, la demande de livret porte, avec les renseignements relatifs à la tutelle, les mentions suivantes : 1° *Versement direct en vertu de l'article 6 de la loi du 9 avril* 1881; 2° *Né le...* (date de naissance).

587. — Les tables de bord sont autorisées à se faire ouvrir un compte à la Caisse nationale d'épargne jusqu'à concurrence de 8000 francs[1].

La demande de livret est formée par le chef de gamelle.

Le chef de gamelle ou chacun de ceux qui font partie de la table de bord peut, d'ailleurs, posséder un livret en son nom personnel, sans préjudice de sa part dans le livret collectif.

588. — Tout premier versement doit être d'une somme ronde en

1. Voir les chapitres *Comptes dépassant le maximum légal* et *Sociétés, établissements publics, etc.*

francs, sans centimes, à moins qu'il ne provienne du transfert d'un livret de Caisse d'épargne privée. Il ne peut être inférieur à 1 franc ni supérieur à 2 000 francs, sauf pour les comptes ouverts aux tables de bord.

2° *Délivrance des livrets.*

589. — A la suite de tout premier versement, un livret nominatif est ouvert au déposant.

590. — Chaque livret de série marine est désigné par un double numéro : le numéro de la série à laquelle il appartient et le numéro du livret dans la série.

Les séries marines sont représentées par les numéros 101 à 105.

Le timbre de la division ou du bâtiment doit être appliqué sur la couverture du livret à l'angle gauche supérieur.

591. — Lorsque le titulaire est officier, la mention suivante est apposée sur la première page de son livret : *M. X..., ayant qualité d'officier, peut, quand il n'est pas embarqué, effectuer directement ses opérations d'épargne dans tous les bureaux de France, d'Algérie, de Tunisie et de la principauté de Monaco.*

Cette mention est certifiée par l'un des membres du conseil d'administration ou le commandant comptable.

592. — Le livret est remis au titulaire, qui le garde, si c'est un officier, et, dans le cas contraire, le remet, après en avoir vérifié le contenu, soit au capitaine de la compagnie, soit au trésorier de la division, soit à l'officier d'administration ou au commandant comptable du bâtiment.

Les livrets de séries marines appartenant au personnel non officier sont remis aux titulaires quand ils obtiennent un congé temporaire ou qu'ils sont régulièrement éloignés du bâtiment sur lequel ils comptent pour la solde.

Les livrets de séries marines qui, pour une cause quelconque, ne peuvent être remis aux titulaires sont conservés à la direction de la Caisse nationale d'épargne.

3° *Versements ultérieurs.*

593. — Tout versement postérieur au premier est inscrit immédiatement sur le livret correspondant en toutes lettres.

Cette inscription est appuyée du timbre de la division ou du bâtiment.

Le livret est ensuite rendu au titulaire, qui s'assure de son exactitude et en dispose comme il est dit au § 592 ci-dessus.

594. — Aucun versement ultérieur ne peut être reçu par une succursale navale que sur un livret appartenant à l'une des séries marines.

La somme versée à titre de versement ultérieur ne doit pas élever l'avoir du livret au-dessus du maximum légal de 2000 francs, ou de 8000 francs, s'il s'agit d'un livret appartenant à une table de bord.

595. — Des versements ultérieurs peuvent être effectués dans un bureau de poste de France, d'Algérie, de Tunisie et de la principauté de Monaco au profit du titulaire d'un livret de série marine sans présentation du livret.

Ces versements sont faits au moyen de formules spéciales envoyées à l'avance par les titulaires à leurs correspondants.

Chaque titulaire reçoit, en même temps que son livret, un carnet de ces formules qui portent le même numéro que son titre.

596. — Tout officier non embarqué, titulaire d'un livret de série marine, peut effectuer directement des versements dans tous les bureaux de poste de France, d'Algérie, de Tunisie et de la principauté de Monaco sur la simple présentation de son livret.

La même faculté est accordée aux officiers, officiers-mariniers et marins qui se trouvent régulièrement éloignés du bâtiment à bord duquel ils comptent pour la solde; une annotation spéciale est portée, dans ce cas, sur le livret par le délégué du conseil d'administration ou le commandant comptable.

4° *Remboursements*

597. — Les succursales navales font, sous leur responsabilité, des remboursements aux titulaires des livrets de séries marines.

Tout remboursement autorisé par une succursale navale ne peut être que partiel, c'est-à-dire inférieur de 1 franc au moins à l'actif du livret. Le remboursement intégral n'est effectué qu'après l'autorisation préalable de la direction de la Caisse nationale d'épargne.

598. — L'officier titulaire d'un livret de série marine qui veut obtenir, lorsqu'il n'est pas embarqué, un remboursement dans un bureau de poste, n'a qu'à en faire directement la demande (modèle H ou I) au directeur général des Postes et des Télégraphes, à Paris.

L'autorisation lui est adressée personnellement et le payement lui est effectué après la justification d'identité (§ 65).

La même faculté est accordée aux officiers, officiers-mariniers ou marins en congé ou éloignés du bâtiment à bord duquel ils comptent pour la solde, sous la condition de produire leur livret, sur lequel leur situation et leur avoir ont été préalablement certifiés par un délégué du conseil d'administration ou par le commandant comptable.

599. — Les titulaires de livrets de séries marines peuvent demander des remboursements par télégraphe lorsqu'ils se trouvent dans l'un des cas prévus ci-dessus.

Ils peuvent également demander le remboursement d'une somme à valoir sur leur compte, au profit d'une personne quelconque, au moyen d'un mandat-poste.

Les frais d'envoi du mandat-poste sont prélevés sur le compte du déposant.

Les demandes de remboursement par mandat-poste doivent être présentées sur des formules spéciales dont les succursales navales sont approvisionnées.

Toute demande de remboursement de cette nature doit être visée par le délégué du conseil d'administration ou le commandant comptable pour certification de l'identité du titulaire et de l'exactitude matérielle de sa signature.

Le talon du mandat-poste est ultérieusement adressé par la direction de la Caisse nationale d'épargne à la succursale navale, pour être transmis au déposant.

600. — Les titulaires de livrets de séries marines sont autorisés à faire payer, par délégation, des sommes à valoir sur leur compte, au profit et sur l'acquit d'une personne de leur famille, en France, en Algérie, en Tunisie ou dans la principauté de Monaco.

Les délégations sont exclusivement reçues par les succursales navales.

Les délégations sont souscrites sur des formules spéciales imprimées.

Le bénéficiaire d'une délégation doit être désigné très exactement par ses nom, prénoms, profession et domicile.

Les délégations peuvent stipuler que, à défaut du premier bénéficiaire désigné, la somme sera payée à une autre personne, également désignée très exactement.

Ces deux personnes doivent appartenir à la famille du délégant : père, mère, femme, enfants, frère ou sœur. Il n'est fait d'exception que pour une personne chargée de l'entretien de mineurs, enfants, frères ou sœurs du délégant.

601. — Toute délégation mentionne le mois dans lequel sera fait le premier payement; les autres payements doivent être échelonnés, pendant la durée de l'engagement, de trois mois en trois mois, à partir de la date déterminée par le directeur de la Caisse nationale d'épargne, et qui peut s'étendre du 16 au 25.

Le taux des délégations souscrites peut être soit augmenté, soit diminué, pendant la période fixée par la première déclaration.

Les délégations sont payables à terme échu, du 16 au 25 de chacun des mois assignés.

602. — Le délégataire doit se présenter, muni d'une pièce d'identité (§ 63), au bureau de poste payeur pour recevoir le montant de la délégation; il donne reçu de la somme qui lui est payée en apposant sa signature au bas d'une formule numéro 162. S'il est illettré, le payement a lieu en présence de deux témoins.

Lorsque le délégataire est décédé, inconnu ou parti sans laisser d'adresse, le payement peut être fait à la personne désignée pour le suppléer.

603. — Les délégations deviennent caduques par la mort des délégataires. Elles peuvent être annulées par le délégant; elles peuvent l'être également par l'autorité maritime, lorsque le délégant déserte ou quitte le service pour une cause quelconque.

604. — Les oppositions au remboursement des sommes déposées par les titulaires de livrets de séries marines doivent être signifiées, par ministère d'huissier, entre les mains de l'agent comptable de la Caisse nationale d'épargne, 6, rue Saint-Romain, à Paris.

Pour les remboursements après décès, voir les chapitres *Remboursements après décès* et *Marins.*

5° *Achats de rente.*

605. — Tout titulaire d'un livret de série marine dont l'avoir est suffisant pour acheter 10 francs de rente au minimum peut faire opérer cet achat sans frais par la Caisse nationale d'épargne.

L'achat de rente peut être supérieur à 10 francs si le crédit du déposant le comporte.

606. — Les demandes d'achat de rente sont présentées sur des formules spéciales dont les succursales sont approvisionnées; elles sont établies par les soins du capitaine, du trésorier de la division, de l'officier d'administration ou du commandant comptable du bâtiment.

607. — Il n'est donné suite aux demandes d'achat de rente formées sur des livrets de séries marines qu'autant que ces demandes sont transmises par une succursale navale, à moins que le déposant ne soit un officier non embarqué ou ne se trouve régulièrement éloigné à bord du bâtiment sur lequel il compte pour la solde.

608. — Toute demande d'achat de rente transmise à la direction de la Caisse nationale d'épargne par une succursale navale doit être visée

par le délégué du conseil d'administration ou le commandant comptable pour certification de l'identité du titulaire.

609. — Les titres de rente demandés par les titulaires de livrets de séries marines sont conservés par la Caisse des dépôts et consignations, jusqu'à réclamation des intéressés. Ils ne peuvent être remis à ceux-ci dans un bureau de poste de France, d'Algérie de Tunisie ou de la principauté de Monaco que sur leur demande visée, pour certification de la signature, par l'autorité compétente.

Pour tous autres renseignements concernant les achats de rente, voir le chapitre *Rentes*.

6° *Transferts et changements de séries.*

610. — Tout officier ou marin qui est titulaire d'un livret ordinaire de la Caisse nationale d'épargne peut continuer ses opérations par l'intermédiaire des succursales navales à la condition d'échanger ce livret contre un livret de série marine. Cet échange a lieu sans frais.

Tout officier ou marin qui est titulaire d'un compte à une Caisse d'épargne privée peut aussi demander le transfert de ce compte à une succursale navale de la Caisse nationale d'épargne (Voir le chapitre *Transferts*).

611. — Les demandes de transfert sont rédigées en double expédition, sur une formule spéciale. Le livret préexistant de la Caisse d'épargne privée dont le transfert est sollicité doit être joint à la demande.

612. — Tout titulaire d'un livret de série marine qui est libéré du service a intérêt à l'échanger contre un livret appartenant à la série du département dans lequel il se retire.

Cet échange est gratuit. Il affranchit le déposant des formalités auxquelles sont assujettis les remboursements opérés par les bureaux de poste sur les livrets de séries marines.

7° *Livrets perdus et livrets épuisés.*

613. — En cas de perte de livret, le conseil d'administration ou le commandant comptable fait dresser une nouvelle demande de livret *pour remplacement de livret perdu;* cette demande mentionne le numéro du livret perdu ou, si ce n'est pas possible, tout au moins la date et le lieu d'ouverture de ce livret et la dernière opération effectuée.

Sur le vu de cette demande, la succursale est autorisée à délivrer au titulaire un nouveau livret.

Les livrets perdus sont remplacés sans frais, de même que les livrets entièrement remplis.

7° *Versements à la Caisse des retraites pour la vieillesse.*

614. — La Caisse nationale d'épargne sert d'intermédiaire entre ses déposants aux succursales navales et la Caisse des retraites pour la vieillesse.

Toutefois elle ne peut verser à ladite Caisse de retraites que les fonds qui lui ont été déjà confiés à titre d'épargne (Voir le chapitre *Caisse nationale des retraites pour la vieillesse*).

CHAPITRE XLVI

SUCCURSALES ÉTRANGÈRES DE LA CAISSE NATIONALE D'ÉPARGNE

615. — Une succursale de la Caisse nationale d'épargne est établie dans les villes à l'étranger où fonctionne un bureau de poste français (Alexandrie, Tanger, Smyrne, Salonique et Constantinople).

Chaque succursale étrangère est gérée par le receveur des postes, sous la surveillance du consul ou du vice-consul de France.

616. — Toute personne, quelle que soit sa nationalité, peut obtenir un livret de succursale étrangère en prenant l'engagement, au moment du dépôt des fonds, de se soumettre à la loi française en ce qui concerne les opérations de la Caisse nationale d'épargne.

617. — Le titulaire d'un livret de série étrangère ne peut continuer ses versements et ses remboursements par l'intermédiaire d'un bureau de poste de France, d'Algérie, de Tunisie ou de la principauté de Monaco qu'en échangeant ce livret contre un livret de l'une des séries départementales (couverture gris-bleuté), ou de l'une des séries des succursales de la métropole, de l'Algérie ou de la Tunisie (§ 31). Il ne peut également continuer ses opérations par l'intermédiaire d'une autre succursale étrangère qu'à la condition d'échanger le livret qu'il possède contre un livret de cette succursale étrangère. L'échange a lieu sans frais (Voir le chapitre *Changement de série des livrets de la Caisse nationale d'épargne*).

618. — Toute réclamation concernant un livret de série étrangère est reçue par le consul ou le vice-consul de France qui la transmet, s'il y a lieu, à la direction générale des Postes et des Télégraphes, à Paris.

Le consul ou le vice-consul peut se faire représenter les livrets des déposants toutes les fois qu'il le juge utile.

619. — Les formalités à remplir par les déposants à l'étranger sont à peu près les mêmes que celles exigées des déposants en France. Nous allons les rappeler sommairement, en indiquant les points sur lesquels elles diffèrent.

1° *Demandes de livret et premiers versements.*

620. — Tout déposant qui fait, pour la première fois, un versement dans une succursale étrangère forme en même temps une demande de livret en double expédition sur une formule spéciale.

Il est nécessaire que la demande de livret soit remplie avec le plus grand soin.

621. — Le compte ouvert à chaque déposant ne doit pas excéder le chiffre de 2 000 francs, versés en une ou plusieurs fois. Le premier versement peut dès lors varier entre 1 franc (minimum) et 2 000 francs (maximum)

Au-dessus de 1 franc, les versements peuvent comprendre des centimes.

Une quittance extraite d'un registre à souche est délivrée au déposant qui effectue un premier versement; elle lui sert de titre provisoire.

En cas de perte de cette quittance, le livret n'est remis que sur la justification d'identité (§ 63) de la personne qui se présente pour le retirer.

2° *Délivrance des livrets.*

622. — A la suite de tout premier versement, un livret nominatif est ouvert au déposant.

Chaque livret est désigné par un double numéro : le numéro de la série à laquelle il appartient et le numéro du livret dans la série.

Les séries étrangères sont représentées par les numéros 111 à 116.

Le timbre de la succursale doit être appliqué sur la couverture du livret.

623. — Pour les premiers versements effectués directement à une succursale étrangère, les livrets sont remis sur-le-champ aux déposants.

Dans les agences relevant des succursales étrangères, le livret est remis au porteur de la quittance à souche qui a été délivrée à la partie versante lors du dépôt des fonds.

3° *Versements ultérieurs.*

624. — Les versements postérieurs au premier doivent être effectués à la succursale étrangère qui a émis le livret. Ils donnent lieu aux mêmes formalités que les opérations analogues effectuées en France (Voir le chapitre *Versements ultérieurs*).

4° *Remboursements.*

625. — Le caissier d'une succursale étrangère fait, sous sa responsabilité, des remboursements aux titulaires des livrets émis par cette succursale.

Tout remboursement autorisé par un caissier de succursale étrangère ne peut être que partiel, c'est-à-dire inférieur de 1 franc au moins à l'actif du livret.

Les remboursements intégraux ne sont effectués qu'après l'autorisation préalable de la direction de la Caisse nationale d'épargne.

626. — Tout titulaire d'un livret de série étrangère qui veut se faire rembourser soit la totalité, soit seulement une portion quelconque de son compte courant doit : 1° justifier de son identité (§ 63); 2° rédiger et signer une demande de remboursement sur une formule spéciale; 3° déposer son livret, dont il lui est donné reçu au moyen d'un récépissé détaché d'un carnet à souche.

Les formalités requises en cas de demande de remboursement varient suivant les conditions dans lesquelles le compte a été ouvert ou d'après les modifications survenues dans la qualité civile du déposant (Voir les chapitres *Majeurs*, *Femmes*, *Mineurs*, *Aliénés*, etc.).

627. — Les oppositions mises aux remboursement des fonds déposés dans les succursales étrangères doivent être signifiées aux caissiers de ces succursales, par l'entremise du consulat ou vice-consulat de France.

5° *Achats de rente.*

628. — Les rentes acquises pour le compte des titulaires de livrets de séries étrangères peuvent être laissées en dépôt à la Caisse nationale d'épargne, qui en perçoit les arrérages sans frais et en crédite le compte des intéressés (Voir le chapitre *Rentes*).

629. — Les titres de rentes ne peuvent être remis aux titulaires

dans un bureau de poste de France, d'Algérie, de Tunisie, de la principauté de Monaco ou encore dans un bureau de poste français à l'étranger, que sur leur demande, visée, pour certification de la signature, par l'autorité compétente.

6° *Versements à la Caisse des retraites pour la vieillesse.*

630. — La Caisse nationale d'épargne satisfait à la demande des déposants aux succursales étrangères qui requièrent le transfert à la Caisse des retraites pour la vieillesse de tout ou partie des sommes portées à leur compte d'épargne (Voir le chapitre *Caisse nationale des retraites pour la vieillesse*).

7° *Transferts et changements de séries.*

631. — Tout titulaire d'un livret de la Caisse nationale d'épargne, en France, peut faire transférer son compte à une succursale étrangère, à la condition d'échanger le livret qu'il possède contre un livret de la série correspondante : cet échange est gratuit.

De même, tout titulaire d'un livret d'une série étrangère peut devenir titulaire, sur sa demande et sans frais, d'un livret de série départementale ou de succursales de la métropole, de l'Algérie ou de la Tunisie.

632. — La Caisse nationale d'épargne se charge également de transférer les fonds des déposants à une caisse d'épargne privée de France ou d'Algérie (Voir les chapitres *Transferts* et *Changement de série des livrets*).

8° *Livrets perdus et livrets épuisés.*

633 — En cas de perte de livret, le titulaire établit une nouvelle demande de livret *pour remplacement de livret perdu*; il y mentionne le numéro du livret perdu ou, si ce n'est pas possible, tout au moins la date et le lieu d'ouverture de ce livret et la dernière opération effectuée.

Sur le vu de cette demande, le caissier est autorisé à délivrer au titulaire un nouveau livret.

Les livrets perdus sont remplacés sans frais, de même que les livrets entièrement remplis.

CHAPITRE XLVII

CAISSE NATIONALE DES RETRAITES POUR LA VIEILLESSE

1° *Objet.*

634. — La Caisse nationale des retraites pour la vieillesse, dont les Caisses d'épargne représentent le vestibule, est placée sous la garantie de l'État (Lois des 18 juin 1850 et 21 juillet 1886)[1].

Elle est instituée pour recueillir et faire fructifier, par l'accumulation des intérêts, l'épargne réalisée par le déposant en vue de s'assurer une pension de retraite pour ses vieux jours.

La Caisse nationale des retraites permet : à l'ouvrier de se constituer une retraite par les plus petites épargnes réalisées; au père de famille, par un léger sacrifice, de mettre ses enfants à l'abri du besoin pour la fin de leur carrière; aux communes, comices agricoles, caisses scolaires, aux particuliers bienfaisants, aux chefs d'industrie, par la distribution de livrets à titre de récompense, de répandre les habitudes d'ordre et d'économie et les idées de prévoyance.

635. — Les versements sont constatés sur un livret individuel délivré gratuitement au nom du futur rentier. Ils sont facultatifs. Un versement unique est accepté. Des versements successifs peuvent être effectués; ils sont interrompus ou continués au gré des parties intéressées. Commencés dans un lieu, ils peuvent être continués dans un autre.

A la suite de chaque versement, la rente attribuée au capital versé est inscrite sur le livret.

1. La plupart des dispositions qui suivent ont été empruntées à l'*Instruction pratique à l'usage des déposants*, émanant de la Caisse nationale des retraites.

636. — L'époque d'entrée en jouissance de la rente viagère peut être fixée à un âge quelconque à partir de cinquante ans.

637. — Celui qui opère un versement a la faculté d'aliéner le capital, c'est-à-dire de l'abandonner à la Caisse des retraites en échange d'une augmentation de la rente, ou de réserver le capital au décès du rentier, et, dans ce cas, le capital est remboursé soit aux ayants droit de ce dernier, soit au donateur ou à ses ayants droit.

Tout capital réservé peut être abandonné ultérieurement en vue d'augmenter la rente primitive.

638. — Le déposant est toujours libre de déclarer qu'il soumet ses nouveaux versements à des conditions autres que celles qui régissaient les versements antérieurs.

639. — La Caisse émet des promesses de livrets destinées à être distribuées à titre de prix ou de récompenses et sur lesquelles la somme versée est seule mentionnée.

Chaque promesse est échangée contre un livret définitif après que le donateur y a inscrit le nom du bénéficiaire et les conditions du contrat de rente viagère.

2° *Avantages et garanties.*

640. — La Caisse nationale des retraites est gérée par la Caisse des dépôts et consignations sous la garantie de l'État et le contrôle d'une commission supérieure formée auprès du Ministre du commerce.

Son but étant de favoriser l'épargne populaire, elle reçoit, dans toute la France et en Algérie, les plus modestes économies.

Elle ne cherche aucun bénéfice. Les rentes qu'elle délivre représentent ainsi intégralement ce que les fonds déposés ont produit par l'accumulation des intérêts combinés avec les chances de mortalité. Le tarif d'après lequel elles sont calculées est fixé chaque année par décret du Président de la République [1].

641. — La Caisse des retraites est obligée de faire emploi de tous ses fonds en rentes ou valeurs de l'État français, en obligations de chemins de fer ou en obligations départementales et communales. Son portefeuille, toujours facilement réalisable, représente donc un capital équivalent au montant de ses engagements.

1. Voir à l'Appendice IV les exemples tirés des tarifs actuellement en vigueur.

3° *Conditions des versements.*

642. — Les versements peuvent être effectués au profit de toute personne française, ou étrangère résidant en France, et âgée de trois ans au moins : soit par le titulaire lui-même, soit par un donateur, soit par un mandataire verbal ou par un intermédiaire pour le compte du titulaire ou du donateur, soit par le représentant légal.

Les versements opérés à titre de donation n'ont pas besoin d'être acceptés par le bénéficiaire, ni autorisés par le représentant légal, s'il s'agit de mineurs.

Les versements effectués des deniers de mineurs âgés de moins de 16 ans doivent être autorisés par leur père, mère ou tuteur.

643. — La seule pièce à produire à l'appui du premier versement est un extrait de l'acte de naissance du nouveau titulaire. Cet extrait est délivré sans frais, et comme toutes les autres pièces exclusivement relatives à la Caisse des retraites, il est établi sur papier libre.

644. — Les versements opérés pendant le mariage par des déposants non séparés de biens profitent par moitié à chacun des deux conjoints et aucun d'eux ne peut priver l'autre du bénéfice de cette division, ni y renoncer pour son propre compte.

Toutefois les versements effectués à titre de donation appartiennent exclusivement au conjoint au profit duquel ils sont faits.

645. — Quel que soit le régime par elles adopté, les femmes mariées sont admises à faire des versements sans l'assistance de leur mari.

646. — Tout déposant marié qui justifie soit de sa séparation de corps, soit de sa séparation de biens, contractuelle ou judiciaire, est autorisé à faire des versements à son profit exclusif (Loi du 20 juillet 1886, art. 13).

647. — En cas d'absence ou d'éloignement de l'un des deux conjoints depuis plus d'une année, le juge de paix peut accorder l'autorisation de faire des versements au profit exclusif du déposant, mais sa décision peut être frappée d'appel devant la Chambre du conseil du Tribunal de première instance (Loi du 20 juillet 1886, art. 13).

648. — Le donateur peut stipuler le retour du capital, soit à son profit, soit au profit des ayants droit du donataire.

649. — Le maximum des versements opérés pour un même compte pendant une année, du 1er janvier au 31 décembre, est de 500 francs (Loi du 26 juillet 1893, art. 61). Le minimum de chaque versement est de 1 franc. Des bulletins-retraites, délivrés sans frais dans tous les

bureaux de poste, permettent de réaliser cette somme au moyen de timbres-poste; on peut donc commencer l'épargne pour la vieillesse avec 5, 10, 15 centimes.

650. — Les versements à la Caisse nationale des retraites sont reçus : 1° à Paris et dans le département de la Seine, à la Caisse des dépôts et consignations, 3, quai d'Orsay, chez les percepteurs et les receveurs des postes; 2° dans les départements, par les trésoriers-payeurs généraux, les receveurs particuliers des finances, les percepteurs et les receveurs des postes; en Algérie, par les trésoriers-payeurs, les payeurs particuliers et les receveurs des postes.

651. — Les déposants aux Caisses d'épargne nationale et privées peuvent demander que la totalité ou une partie de leurs fonds soit transférée à la Caisse nationale des retraites (Voir les chapitres *Remboursement des fonds. — Caisse nationale d'épargne* et *Remboursement des fonds. — Caisses d'épargne privées*).

652. — Les versements pour promesses de livrets sont reçus : 1° à Paris, à la Caisse des dépôts et consignations; 2° dans les départements, par les trésoriers-payeurs généraux et les receveurs particuliers des finances; 3° en Algérie, par les trésoriers-payeurs et les payeurs particuliers.

4° *Rentes viagères.*

653. — Les rentes auxquelles donne droit chaque versement, à l'âge fixé au moment du versement, sont inscrites sur le livret individuel.

Le maximum de la rente totale inscrite sur une tête est de 1 200 francs.

654. — Les rentes sont incessibles et insaisissables jusqu'à concurrence de 360 francs. En cas de donation, elles peuvent être déclarées incessibles et insaisissables en totalité.

655. — L'entrée en jouissance de la pension est fixée, au choix du déposant, à partir de chaque année d'âge accomplie de cinquante ans à soixante-cinq ans. Dans le trimestre qui précède l'entrée en jouissance de sa rente, le titulaire peut reporter cette jouissance à une autre année, ce qui augmente le chiffre de sa rente.

656. — Tout déposant réduit à l'incapacité absolue de travailler est mis en possession, avant l'âge d'entrée en jouissance, d'une rente proportionnelle à son âge et à ses versements. Cette pension peut être bonifiée par une subvention de l'État (Loi du 21 juillet 1886, art. 11).

657. — A l'époque fixée par le déposant, le droit à la pension est constaté par la remise d'une inscription de rente viagère. Les rentes

viagères jouissent de la même sécurité que les rentes sur l'État. Les arrérages en sont payables chaque trimestre à la Caisse des dépôts et consignations, dans toute la France, chez les receveurs des finances et percepteurs et, en Algérie, chez les trésoriers-payeurs et les payeurs particuliers, les 1er mars, 1er juin, 1er septembre, et 1er décembre.

5° *Remboursement du capital et des arrérages.*

658. — Les remboursements de versements à capital réservé sont effectués, après le décès du titulaire, soit aux héritiers ou ayants droit du titulaire, soit au donateur ou à ses ayants droit.

659. — Après l'entrée en jouissance, les arrérages sont acquis au titulaire de la rente jusqu'au jour du décès et sont payés aux héritiers ou ayants droit.

660. — Toute demande de remboursement ou de payement des arrérages dus au décès doit être appuyée du titre de rente et d'un certificat de propriété (Voir le chapitre *Certificats de propriété*).

661. — Le capital réservé reste acquis à la Caisse des retraites en cas de déshérence ou par l'effet de la prescription, s'il n'a pas été réclamé dans les trente années qui ont suivi le décès du titulaire de la rente (Loi du 21 juillet 1886, art. 18).

LÉGISLATION

LOI DU 5 JUIN 1835

ARTICLE PREMIER. — Toute Caisse d'épargne devra être autorisée par ordonnance du roi, rendue dans la forme des règlements d'administration publique.

ART. 2. — Les Caisses d'épargne autorisées par ordonnances royales sont admises à verser leurs fonds en compte courant au Trésor public[1].

ART. 3. — Il sera bonifié par le Trésor public aux Caisses d'épargne un intérêt de 4 pour 100, jusqu'à ce qu'il en soit autrement décidé par une loi[2].

ART. 3, 4, 5, 6. — Abrogés[3].

ART. 7. — Il sera délivré à chaque déposant un livret à son nom sur lequel seront enregistrés tous les versements et remboursements.

ART. 8. — Tout déposant pourra faire transférer ses fonds d'une Caisse à une autre. Les formalités relatives à ce transfert seront réglées par le Ministre des finances.

ART. 9. — Seront exempts des droits de timbre les registres et livrets à l'usage des Caisses d'épargne[4].

ART. 10. — Les Caisses d'épargne pourront, dans les formes et selon les règles prescrites pour les établissements d'utilité publique, recevoir les dons et legs qui seraient faits en leur faveur.

ART. 11. — Les formalités prescrites par les articles 561 et 569 du Code de procédure civile et par le décret impérial du 18 août 1807, relativement aux saisies-arrêts, seront applicables aux fonds déposés dans les Caisses d'épargne.

1. Aujourd'hui à la Caisse des dépôts et consignations. (Loi du 31 mars 1837).
2. Modifié par la loi de finances du 26 décembre 1892, art. 13.
3. On trouvera dans notre précédent ouvrage, le *Guide des Caisses d'épargne*, le texte complet des lois sur les Caisses d'épargne.
4. Modifié par la loi du 9 avril 1881, art. 20.

Art. 12. — Il sera, chaque année, distribué aux Chambres un rapport sommaire sur la situation et les opérations des Caisses d'épargne. Ce rapport sera suivi d'un état général des sommes votées ou données par les conseils généraux, les conseils municipaux et les citoyens, pour subvenir au service des frais des Caisses d'épargne.

LOI DU 22 JUIN 1845

Article premier. — Abrogé.

Art. 2, 3 et 4. — Abrogés.

Art. 5. — Nul ne pourra avoir plus d'un livret dans la même Caisse ou dans des Caisses différentes sous peine de perdre l'intérêt de la totalité des sommes déposées[1].

Art. 6, 7, 8 et 9. — Abrogés.

LOI DU 30 JUIN 1851

Article premier. — Abrogé.

Art. 2 et 3. — Abrogés.

Art. 4. — Les Sociétés de secours mutuels, autres que celles déclarées établissements d'utilité publique, continueront à être admises à faire des versements; mais le crédit de leur compte ne pourra pas excéder 8 000 francs en capitaux et intérêts.

Lorsque ce maximum aura été atteint, les dispositions de l'article 2 leur seront appliquées, et les achats effectués par l'Administration de la Caisse d'épargne, s'il y a lieu, seront de 100 francs de rente[2].

Art. 5. — Tout déposant dont le crédit sera de somme suffisante pour acheter 10 francs de rente au moins pourra faire opérer cet achat sans frais par les soins de l'Administration de la Caisse d'épargne.

Art. 6. — Dans le cas où le déposant ne retirerait pas les titres de rente achetés pour son compte, l'Administration de la Caisse d'épargne en restera dépositaire et recevra les semestres[3] d'intérêts au crédit du titulaire.

Art. 7. — A partir du 1er janvier 1852, l'intérêt bonifié par la Caisse des dépôts et consignations sera fixé à 4 fr. 50 pour 100[4].

1. Voir la loi du 9 avril 1881, art. 21.
2. Voir l'article 13 de la loi du 9 avril 1881.
3. Aujourd'hui les trimestres.
4. Modifié par la loi de finances du 26 décembre 1892, art. 13.

La retenue à faire sur cet intérêt par les Caisses d'épargne, pour leurs frais de loyer et d'administration, est obligatoire pour 1/4 pour 100 et facultative pour un autre quart pour 100.

Toutefois, pour la Caisse d'épargne de Paris, la retenue facultative sera de 3/4 pour 100, sans que la retenue totale puisse jamais excéder 1 pour 100.

LOI DU 7 MAI 1853

ARTICLE PREMIER. — A partir du 1er juillet 1853, l'intérêt bonifié aux Caisses d'épargne par la Caisse des dépôts et consignations est fixé à 4 pour 100[1].

ART. 2. — Abrogé.

ART. 3. — Les certificats de propriété destinés aux retraits de fonds versés dans les Caisses d'épargne doivent être délivrés dans les formes et suivant les règles prescrites par la loi du 28 floréal an VII.

ART. 4. — Lorsqu'il s'est écoulé un délai de trente ans, à partir tant du dernier versement ou remboursement que de tout achat de rente et de toute autre opération effectués à la demande des déposants, les sommes que détiennent les Caisses d'épargne aux comptes de ceux-ci sont placées en rentes sur l'État, et les titres de ces rentes comme les titres de rentes achetées, soit en vertu de la loi du 22 juin 1845, soit en vertu de la loi du 30 juin 1851, à la demande des déposants ou d'office, sont remis à la Caisse des dépôts et consignations pour le compte des déposants. A partir du même moment, et jusqu'à la réclamation des déposants, le service des arrérages de la rente est suspendu. Les reliquats des placements en rentes ci-dessus énoncés, et les sommes qui, à raison de leur insuffisance, n'auraient pu être converties en rentes sur l'État, demeureront, à la même époque, acquis définitivement aux Caisses d'épargne. A l'égard des versements faits sous la condition stipulée par le donateur que le titulaire n'en pourra disposer qu'après une époque déterminée, le délai de trente ans ne court qu'à partir de cette époque. Dans tous les cas, les noms des déposants seront publiés au *Moniteur*[2] et dans la feuille d'annonces judiciaires de l'arrondissement où est située la Caisse d'épargne dépositaire, six mois avant l'expiration du délai de trente ans fixé ci-dessus.

1. Modifié par la loi de finances du 26 décembre 1892. (3, 50 pour 100).
2. Aujourd'hui au *Journal officiel*.

LOI DU 9 AVRIL 1881

QUI CRÉE UNE CAISSE D'ÉPARGNE POSTALE

ARTICLE PREMIER. — Il est institué une Caisse d'épargne publique sous la garantie de l'État; elle est placée sous l'autorité du Ministre des postes et télégraphes et prend le nom de *Caisse d'épargne postale*[1].

Les bureaux de poste français seront appelés, au fur et à mesure, par des arrêtés ministériels, à participer au service de la Caisse d'épargne postale.

Tout déposant muni d'un livret de la Caisse d'épargne peut continuer ses versements et opérer ses retraits dans tous les bureaux de poste français dûment organisés en agences de cette Caisse.

L'Administration des postes représentera l'État dans ses rapports avec les déposants.

ART. 2. — Les fonds de la Caisse d'épargne postale seront versés, à Paris, à la Caisse des dépôts et consignations; dans les départements, aux Caisses des trésoriers-payeurs généraux et des receveurs particuliers préposés à la Caisse des dépôts et consignations[2].

Ils produiront à la Caisse d'épargne, à partir du jour de leur versement, jusques et non compris le jour du retrait, un intérêt de 3 francs 25 pour 100 par an[3].

ART. 3. — Un intérêt de 3 francs pour 100 sera servi aux déposants par la Caisse d'épargne[4].

Cet intérêt partira du 1er ou du 16 de chaque mois après le jour du versement.

Il cessera de courir à partir du 1er ou du 16 qui aura précédé le jour du remboursement.

Au 31 décembre de chaque année, l'intérêt acquis s'ajoutera au capital et deviendra lui-même productif d'intérêts. Les fractions de franc ne produiront pas d'intérêts.

ART. 4. — Le taux de l'intérêt fixé par les deux articles précédents ne pourra être modifié que par une loi.

1. Aujourd'hui *Caisse nationale d'épargne.*
2. Cet article a été modifié par l'article 34 de la loi de finances du 20 juillet 1881.
3. Aujourd'hui 3 pour 100.
4. Modifié par la loi du 20 décembre 1892 (2 fr. 75 pour 100).

Art. 5. — Les frais d'administration de la Caisse d'épargne postale seront prélevés sur les sommes dont elle bénéficiera :

1° Par suite de la différence entre l'intérêt servi par le Trésor et l'intérêt dont on tiendra compte aux déposants;

2° Par suite de la différence d'intérêt produit par les arrérages des valeurs achetées en exécution de l'article 19 et le taux de 3 fr. 25 pour 100 servi à la Caisse d'épargne postale[1].

En cas d'insuffisance, il y sera pourvu au moyen des intérêts de la dotation dont il est parlé à l'article 16.

Art. 6. — L'Administration des postes ouvrira un compte à toute personne par laquelle ou au nom de laquelle des fonds auront été versés, à titre d'épargne, dans un bureau de poste.

Elle délivrera gratuitement, au nom des bénéficiaires, un livret sur lequel seront inscrits les versements, les retraits de fonds et les intérêts acquis.

Nul ne pourra être titulaire de plus d'un livret à la Caisse d'épargne postale, sous peine de perdre l'intérêt des sommes inscrites sur le second livret et les livrets de date ultérieure. Si plusieurs livrets ont la même date, la perte de l'intérêt portera sur la totalité des dépôts constatés par ces livrets.

Les mineurs sont admis à se faire ouvrir des livrets sans l'intervention de leur représentant légal. Ils pourront retirer, sans cette intervention, mais seulement après l'âge de seize ans révolus, les sommes figurant sur les livrets ainsi ouverts, sauf opposition de la part de leur représentant légal.

Les femmes mariées, quel que soit le régime de leur contrat de mariage, seront admises à se faire ouvrir des livrets sans l'assistance de leur mari; elles pourront retirer sans cette assistance les sommes inscrites aux livrets ainsi ouverts, sauf opposition de la part de leur mari.

Art. 7. — Tout déposant dont le crédit sera suffisant pour acheter 10 francs de rente au minimum pourra faire opérer cet achat sans frais, par la Caisse d'épargne postale.

L'achat de rente pourra être supérieur à 10 francs si la situation du crédit le comporte.

Art. 8. — Chaque versement ne pourra être inférieur à 1 franc.

Le compte ouvert à chaque déposant ne pourra excéder le chiffre de 2000 francs, versés en une ou plusieurs fois.

Art. 9. — Dès qu'un compte dépassera, par les versements et la capitalisation des intérêts, le chiffre de 2 000 francs, il en sera donné avis au déposant par lettre chargée.

1. Modifié par la loi du 20 décembre 1892 (3 pour 100).

Si, dans les trois mois qui suivront cet avis, le déposant n'a pas réduit son crédit, il lui sera acheté d'office et sans frais 20 francs de rente sur l'État.

Le service des intérêts sur l'excédent sera suspendu à partir de la date de l'avis jusqu'au jour de la réduction du compte.

Art. 10. — Lorsque le déposant n'aura pas retiré les titres de rente achetés pour son compte, dans le cas prévu par l'article précédent, la Caisse en touchera les arrérages et les inscrira comme nouveau versement au crédit du titulaire.

Art. 11. — La demande de retrait devra être déposée à l'avance, et le remboursement aura lieu dans un délai de huit jours au maximum pour la France continentale. Des délais supplémentaires seront fixés par décret pour les opérations nécessitant l'intervention d'un bureau situé en dehors de la France continentale.

Art. 12. — Dans le cas de force majeure, des décrets rendus, le Conseil d'État entendu, pourront autoriser la Caisse d'épargne postale à n'opérer le remboursement que par acompte de 50 francs au minimum et par quinzaine.

Art. 13. — Les sociétés de secours mutuels seront admises à faire des versements à la Caisse d'épargne postale, et le compte ouvert à leur crédit pourra atteindre le chiffre de 8 000 francs. Les institutions de coopération, de bienfaisance et autres sociétés de même nature pourront être admises à faire des versements dans les mêmes conditions, après en avoir obtenu l'autorisation du ministre.

Au delà de ce chiffre, il leur sera fait application des articles 9 et 10 ci-dessus; toutefois le montant de la rente achetée d'office pour leur compte sera de 100 francs.

Art. 14. — Le montant d'un livret n'ayant donné lieu depuis trente ans à aucun versement, à aucun remboursement, ni à aucune autre opération faite sur la demande du déposant, cessera d'être productif d'intérêt et devra être remboursé à l'ayant droit.

Si l'ayant droit ne peut être connu, ou si, par une cause quelconque, le remboursement ne peut être opéré, la somme inscrite à son crédit sera convertie en un titre de rente sur l'État qui sera consigné à la Caisse des dépôts et consignations.

Seront également consignées les inscriptions de rentes achetées, soit d'office, soit à la demande du titulaire, et non retirées dans le délai de trente ans.

Par exception, pour les placements faits sous la condition, stipulée par le donateur ou le testateur, que le titulaire n'en pourra disposer qu'après une époque déterminée, le délai de trente ans ne courra qu'à partir de cette époque,

Du jour de la consignation, et jusqu'à la réclamation des déposants le service des arrérages de la rente est suspendu.

Les reliquats des placements en rente et les dépôts qui, en raison de leur insuffisance, n'auraient pu être convertis en rentes seront acquis à la Caisse d'épargne.

La Caisse d'épargne est autorisée à se décharger de toutes quittances et pièces et de tous livrets qui ont plus de trente ans de date.

Art. 15. — Des dons et legs pourront être faits au profit de la Caisse d'épargne postale, dans les formes et selon les règles prescrites pour les établissements d'utilité publique.

Art. 16. — La Caisse d'épargne postale possédera une dotation qui sera formée, savoir :

1° Du boni réalisé sur les frais d'administration, lorsque ceux-ci n'atteindront pas le produit du prélèvement de 25 centimes destiné à couvrir ces frais;

2° Des dons et legs qui pourraient être consentis par des tiers;

3° Des produits des reliquats des dépôts attribués à la Caisse d'épargne dans les conditions prévues à l'avant-dernier alinéa de l'article 14;

4° De la capitalisation des intérêts de ces divers fonds demeurés libres après le prélèvement autorisé par l'article 5;

5° Enfin, de la différence d'intérêt produit par les arrérages des valeurs achetées en exécution de l'article 19, et le taux de 3 fr. 25 pour 100[1] servi à la Caisse d'épargne postale, après le prélèvement autorisé par l'article 5.

Les fonds constituant cette dotation ne pourront être aliénés qu'en vertu d'une loi.

Art. 17. — Le Ministre des postes et télégraphes présentera chaque année un rapport sur la situation et les opérations de la Caisse d'épargne postale.

Art. 18. — Un règlement d'administration publique déterminera le mode de contrôle de la Caisse d'épargne postale.

Art. 19. — La Caisse des dépôts et consignations devra faire emploi de toutes les sommes déposées par la Caisse d'épargne postale.

Cet emploi aura lieu en valeurs de l'État français.

La différence d'intérêt produit par les arrérages de ces valeurs et le taux de 3 fr. 25 pour 100 servi à la Caisse postale[1] accroîtra la dotation instituée par l'article 16, après prélèvement, s'il y a lieu, des sommes nécessaires pour couvrir les frais d'administration.

Néanmoins, pour satisfaire aux remboursements qui pourraient être

1. Modifié par la loi du 26 décembre 1892 (3 pour 100).

réclamés, la Caisse des dépôts et consignations conservera, par son compte courant au Trésor, une réserve du cinquième des versements qui lui seront effectués, sans que cette réserve puisse excéder 100 millions de francs[1].

Art. 20. — Les imprimés, écrits et actes de toute espèce nécessaires pour le service de la Caisse d'épargne postale seront exempts des formalités du timbre et de l'enregistrement.

Art. 21. — Les paragraphes 2 et 3 de l'article 3; 4 et 5 de l'article 6; les articles 8, 9, 12 et 13; le dernier paragraphe de l'article 14 et l'article 20 sont applicables aux Caisses d'épargne ordinaires.

Toutefois cette disposition ne recevra son effet qu'à partir du jour où la Caisse d'épargne postale aura commencé de fonctionner.

Nul ne pourra être en même temps titulaire d'un livret de Caisse d'épargne postale et d'un livret de Caisse d'épargne ordinaire, sous peine de perdre l'intérêt de la totalité des sommes déposées.

1. Modifié par la loi de finances du 26 février 1887 (50 millions de francs).

APPENDICE I

MODÈLE DE STATUTS

Article premier. Il est établi à département d une Caisse d'épargne et de prévoyance, destinée à recevoir et à faire fructifier les sommes qui lui sont confiées.

Art. 2. — Il sera fait appel aux personnes bienfaisantes pour les inviter à concourir à cette institution philantrophique.

Les souscriptions, dons et legs recueillis en faveur de l'établissement sont employés à lui constituer un fonds de dotation.

Le fonds de dotation s'accroît de l'excédent annuel des recettes sur les dépenses, conformément au paragraphe 3 de l'article 3 ci-après.

Le capital du fonds de dotation est placé soit en rentes sur l'État, soit en immeubles dont l'acquisition a lieu en vue de pourvoir à l'installation des services de la Caisse. Ce capital ne peut être aliéné sans l'autorisation du gouvernement.

Art. 3. L'excédent annuel des recettes sur les dépenses est employé à constituer à l'établissement un fonds de réserve.

Le maximum de ce fonds est fixé à la somme moyenne des dépenses annuelles d'administration; il est déterminé au mois de janvier de chaque année par une délibération du conseil des directeurs qui établit la somme moyenne des dépenses annuelles d'après les dépenses acquittées pendant les trois dernières années.

Lorsque le fonds de réserve a atteint son maximum, l'excédent des recettes est porté au fonds de dotation.

Art. 4. — La Caisse pourvoit à ses dépenses annuelles au moyen de ses recettes ordinaires, qui se composent :

1° Des bonifications accordées à l'établissement sur les dépôts;

2° Des intérêts des fonds de dotation et de réserve;

3° Des subventions éventuelles du département et des communes.

Jusqu'à ce que les bonifications réunies aux intérêts du fonds de dotation suffisent aux frais d'administration, le conseil municipal sera tenu de voter chaque année, sur la demande des directeurs, les sommes nécessaires pour couvrir les dépenses.

En cas d'insuffisance des recettes ordinaires, la Caisse est autorisée de plein droit à imputer l'excédent de ses dépenses sur le capital de réserve.

Une salle de l'Hôtel de ville sera affectée, sur la demande des directeurs, à l'administration de la Caisse.

Art. 5. — La Caisse est administrée gratuitement par un conseil composé du maire de la ville et de quinze directeurs, dont les fonctions durent trois ans, et qui sont renouvelés par tiers chaque année.

Les directeurs sortants sont indiqués par le sort pour les deux premières années, et ensuite par l'ancienneté; ils sont indéfiniment rééligibles.

Art. 6. — Les quinze directeurs sont choisis, savoir : cinq au moins dans le conseil municipal et les autres parmi les citoyens les plus recommandables de la ville, et particulièrement parmi les souscripteurs. Ils sont à la nomination du conseil municipal.

Art. 7. — Le conseil des directeurs se réunit au moins une fois par mois.

Le maire le préside toutes les fois qu'il assiste aux séances. Il peut se faire remplacer par un adjoint.

Les délibérations du conseil sont prises à la majorité des membres présents.

La présence de la majorité des membres qui composent ce conseil est nécessaire pour constituer les réunions.

En cas de partage, la voix du président sera prépondérante.

Art. 8. — Le conseil des directeurs nomme parmi ses membres, au scrutin secret et à la majorité des suffrages, un vice-président et un secrétaire. La durée de leurs fonctions est d'une année; ils peuvent être réélus.

Art. 9. — Le conseil règle la composition des bureaux, nomme et révoque les employés et fixe leurs traitements.

Art. 10. — Le conseil arrête, pour l'administration intérieure de la Caisse, un règlement qui est soumis à l'approbation du Ministre de l'agriculture, du commerce et des travaux publics (aujourd'hui *du commerce, de l'industrie, des postes et des télégraphes*).

Il statue sur toutes les mesures à prendre dans l'intérêt de la Caisse, et, pour l'exécution des lois, statuts, règlements, instructions, etc., il agit en son nom et la représente; il assure la gestion de l'établissement, en vérifie les écritures et en arrête les comptes.

Art. 11. — Le conseil peut établir un bureau d'administration composé de cinq membres, dont au moins un conseiller municipal, lesquels sont choisis parmi les directeurs pour régir la Caisse et en surveiller le service.

Art. 12. — La Caisse ne reçoit pas moins de 1 franc par versement du même déposant.

Art. 13. — L'intérêt est alloué par la Caisse sur toute somme ronde de 1 franc.

Le taux de la retenue à prélever, conformément à la loi, sur cet intérêt, sera déterminé au mois de décembre de chaque année, pour l'année suivante, par le conseil des directeurs.

L'intérêt est réglé à la fin de chaque année; il est capitalisé et produit des intérêts pour l'année suivante.

Art. 14. — Le livret remis à chaque déposant, conformément à la loi et aux règlements, est numéroté et contresigné par un directeur et le secrétaire.

On y reproduit textuellement les dispositions de la législation en vigueur sur la quotité des versements, le maximum des dépôts, les achats d'inscriptions de rentes officieux et volontaires et la conservation par la Caisse de ces inscriptions. On y transcrit une instruction sommaire sur les règles auxquelles sont soumis les versements et les remboursements, et notamment sur les conditions essentielles pour la validité des uns et des autres. Le livret est retenu lors du remboursement intégral.

Art. 15. La dissolution de la Caisse arrivant pour quelque cause que ce soit, les valeurs qui resteront libres après le remboursement de tous les dépôts et le payement de toutes les dettes demeureront destinées à la prolongation et au renouvellement de l'établissement, s'il y a lieu; sinon, elles seront, d'après une délibération du conseil municipal, employées à des œuvres de bienfaisance ou d'utilité publique.

Art. 16. — Les modifications aux présents statuts seront délibérées par le conseil des directeurs et ne pourront être mises à exécution qu'après avoir été adoptées par le conseil municipal et approuvées par le gouvernement.

Texte détérioré — reliure défectueuse

NF Z 43-120-11

APPENDICE II

TABLEAU indiquant la dernière limite d'heure à laquelle peuvent être acceptées les demandes de remboursement par les tubes pour la Caisse nationale d'épargne.

INDICATIFS	BUREAUX	DERNIÈRE LIMITE		INDICATIFS	BUREAUX	DERNIÈRE LIMITE	
		Jours ordinaires.	Dimanches et fêtes.			Jours ordinaires.	Dimanches et fêtes.
		h. m.	h. m.			h. m.	h. m.
0	Recette principale	3 25	11 25	52	Boulevard Montparnasse	3 10	11 10
1	Place de la Bourse	3 25	11 25	53	Rue Pierre-Guérin	3 15	11 15
2	Rue Milton	3 20	11 20	54	Rue des Batignolles	3 00	11 00
3	Boulevard Malesherbes, 6	3 35	11 35	55	Rue des Pyrénées	2 40	10 40
4	Rue d'Enghien	3 10	11 10	56	Rue de Charenton	3 00	11 00
5	Place de la République	3 15	11 15	57	Rue Gallois	2 55	10 55
6	Rue de Vaugirard	3 35	11 35	58	Rue Doudeauville	3 10	11 10
6	Rue de Vaugirard (r)	»	»	59	Rue de Bagnolet	3 00	11 00
7	Rue des Haudriettes	3 20	11 20	60	Rue Eugène-Sue	3 05	11 05
8	Rue de Choiseul	3 25	11 25	61	Rue Legendre	3 05	11 05
9	Rue Montaigne	3 25	11 25	62	Avenue de la Grande-Armée	3 15	11 15
10	Rue du Vieux-Colombier	3 35	11 35	63	Place Jeanne-d'Arc	3 10	11 10
11	Avenue de l'Opéra	3 35	11 35	64	Rue de Lourmel	3 30	11 30
12	Boulevard Beaumarchais	3 15	11 15	65	Avenue d'Italie	3 00	11 00
13	Hôtel de Ville	3 20	11 20	66	Rue Meissonier	3 05	11 05
14	Rue de Strasbourg	3 05	11 05	67	Place des Abbesses	3 00	11 10
[illegible]	[illegible]	[illegible]	[illegible]	68	Boulevard Rochechouart	3 15	11 15
[illegible]	[illegible]	[illegible]	[illegible]	[illegible]	Rue du Rendez-Vous	2 50	10 50
21	Rue de la Bastille	3 20	11 20	74	Rue Bayen	3 05	11 05
22	Rue de Provence	3 20	11 20	75	Rue Blomet	3 05	11 05
22	Rue Taitbout (r)	»	»	76	Rue de Crimée	3 00	11 00
23	Rue de Citeaux	3 10	11 10	77	Rue d'Allemagne, 139	2 50	10 50
24	Rue de Cléry	3 25	11 25	78	Rue Dufrénoy	3 15	11 15
25	Boulevard Saint-Germain, 104	3 35	11 35	79	Rue d'Allemagne, 3	3 05	11 05
26	Gare du Nord	3 15	11 15	80	Rue du Bac	3 40	11 40
27	Rue Saint-Dominique	3 15	11 15	81	Rue des Capucines	3 20	11 20
28	Rue de Poissy	3 25	11 25	82	Rue des Francs-Bourgeois	3 10	11 10
29	Rue Monge	3 20	11 20	83	Rue Bleue	3 15	11 15
30	Boulevard Diderot	3 05	11 05	84	Boulevard de Clichy	3 20	11 20
31	Rue de Bourgogne	3 35	11 35	85	Palais du Sénat	3 35	11 35
32	Boulevard du Palais	3 25	11 25	86	Rue Clément-Marot	3 25	11 25
33	Boulevard de l'Hôpital	3 15	11 15	87	Rue Alexandre-Dumas	2 45	10 45
34	Avenue Marceau	3 20	11 20	88	Boulevard Saint-Martin	3 20	11 20
35	Place Vendôme	»	»	89	Rue Saint-Romain	»	»
35	Rue Cambon (r)	»	»	90	Rue Fontaine	3 15	11 15
36	Boulevard Voltaire	3 55	10 55	91	Père-Lachaise	2 55	10 55
37	Boulevard Malesherbes, 101	3 10	11 10	92	Rue Boissy-d'Anglas	3 40	11 40
38	Rue Claude-Bernard	3 30	11 30	93	Rue Château-Landon	2 55	10 55
39	Rue des Écluses-Saint-Martin	3 00	11 00	94	Quai Malaquais	»	»
40	Rue Julien-Lacroix	2 45	10 45	95	Rue de Viarmes	3 25	11 25
41	Avenue Duquesne	3 40	11 40	96	Grand Hôtel	3 30	11 30
42	Avenue Friedland	3 10	11 10	97	Hôtel Continental	»	»
43	Rue Littré	3 35	11 35	98	Palais de la Bourse	3 35	11 35
44	Rue de Grenelle	3 40	11 40	99	Rue d'Allemagne, 211	2 55	10 55
45	Avenue des Champs-Élysées	3 30	11 30	100	Rue de Billancourt	3 10	11 10
46	Avenue Parmentier	3 05	11 05	101	Rue de la Glacière	2 50	10 50
47	Boulevard Haussmann	3 15	11 15	102	Boulevard de Vaugirard	3 25	11 25
48	Rue Sainte-Cécile	3 20	11 20	103	Rue des Filles-du-Calvaire	3 10	11 10
49	Rue Marsollier	3 15	11 15	104	Avenue Bosquet	3 35	11 35
50	Rue Saint-Denis	3 15	11 15	105	Avenue Ledru-Rollin	3 00	11 00
51	Rue Lafayette	3 20	11 20				

NOTA. — Les bureaux en face desquels il n'est pas porté d'heures ne sont pas reliés au réseau des tubes.

APPENDICE III

CLAUSES RELATIVES AUX POUVOIRS DES CONSULS EN MATIÈRE DE SUCCESSION, RENFERMÉES DANS LES CONVENTIONS CONSULAIRES ET LES TRAITÉS CONCLUS PAR LA FRANCE AVEC L'ÉTRANGER.

TRAITÉ D'AMITIÉ ET DE COMMERCE CONCLU, LE 17 NOVEMBRE 1844, ENTRE LA FRANCE ET LES ÉTATS DE MASCATE

(Du 22 juillet 1846.)

ART. 7. — Les biens d'un Français décédé dans les États de Son Altesse le Sultan de Mascate ou d'un sujet de Son Altesse décédé en France seront remis aux héritiers ou exécuteurs testamentaires ou, à défaut, au consul ou agent consulaire de la nation à laquelle appartenait le décédé.

ART. 8. — Si un Français fait faillite dans les États du Sultan, le consul de France prendra possession de tous les biens du failli et le remettra à ses créanciers pour être partagés entre eux.

TRAITÉ D'AMITIÉ ET DE COMMERCE CONCLU, LE 15 NOVEMBRE 1846 ET LE 7 OCTOBRE 1849, ENTRE LA FRANCE ET LE CHILI

(Du 8 août 1853.)

ART. 23. — Les consuls seront de plein droit les représentants de ceux de leurs nationaux qui pourraient être intéressés dans une succession et qui, ne se trouvant pas sur les lieux où la succession est ouverte, n'auraient pas constitué de mandataire. En cette qualité, ils exerceront les mêmes droits que l'héritier aurait pu exercer lui-même, *moins celui de recevoir les fonds* ou effets provenant de la succession. Pour les recevoir, il sera nécessaire qu'ils soient porteurs d'une procuration spéciale.

TRAITÉ D'AMITIÉ ET DE COMMERCE CONCLU, LE 12 JUILLET 1855, ENTRE LA FRANCE ET LA PERSE

(Du 14 février 1857.)

ART. 6. — En cas de décès de l'un de leurs sujets respectifs sur le territoire de l'un ou de l'autre État, sa succession sera remise intégralement à la famille ou aux associés du défunt, s'il en a. Si le défunt n'avait ni parents ni associés, sa succession, dans l'un comme dans l'autre pays, serait remise à la garde de l'agent ou du consul de la nation du sujet décédé, pour que celui-ci en fasse l'usage convenable, conformément aux lois et coutumes de son pays.

CONVENTION CONSULAIRE CONCLUE, LE 24 OCTOBRE 1856, ENTRE LA FRANCE ET LA RÉPUBLIQUE DE VÉNÉZUÉLA

(Du 12 août 1857.)

ART. 8. — Les consuls respectifs pourront, au décès de leurs nationaux morts sans avoir testé ni désigné d'exécuteurs testamentaires, administrer et liquider personnellement la succession, ou nommer, sous leur responsabilité, un agent pour administrer et liquider ladite succession.

TRAITÉ D'AMITIÉ, DE COMMERCE ET DE NAVIGATION CONCLU, LE 22 FÉVRIER 1856, ENTRE LA FRANCE ET LA RÉPUBLIQUE DE HONDURAS

(Du 17 octobre 1857.)

ART. 22. — Les consuls respectifs pourront, au décès de leurs nationaux morts sans avoir testé ni désigné d'exécuteurs testamentaires, administrer et liquider personnellement la succession, ou nommer, sous leur responsabilité, un agent pour administrer et liquider ladite succession.

TRAITÉ D'AMITIÉ, DE COMMERCE ET DE NAVIGATION CONCLU, LE 25 AOUT 1857, ENTRE LA FRANCE ET LE ROYAUME DE SIAM

(Du 28 décembre 1857.)

ART. — 12. Si un Français fait faillite dans le royaume de Siam, le consul de France prendra possession de tous les biens du failli, et les remettra à ses créanciers pour être partagés entre eux.

ART. 14. — Les biens d'un Français décédé dans le royaume de Siam ou d'un Siamois décédé en France seront remis aux héritiers ou exécuteurs testamentaires ou, à leur défaut, au consul ou agent consulaire de la nation à laquelle appartenait le décédé.

TRAITÉ D'AMITIÉ, DE COMMERCE ET DE NAVIGATION CONCLU, LE 29 OCTOBRE 1857, ENTRE LA FRANCE ET LES ILES SANDWICH

(Du 21 janvier 1860.)

ART. 20. — Les consuls respectifs pourront, au décès de leurs nationaux morts sans avoir testé ni désigné d'exécuteurs testamentaires, administrer et liquider personnellement la succession, ou nommer, sous leur responsabilité, un agent pour administrer et liquider ladite succession.

CONVENTION CONSULAIRE CONCLUE, LE 10 DÉCEMBRE 1860, ENTRE LA FRANCE ET LE BRÉSIL

(Du 17 mars 1861.)

ART. 7. — En cas de décès de leurs nationaux morts sans avoir laissé d'héritiers ou d'exécuteurs testamentaires ou dont les héritiers ne seraient pas connus, seraient absents ou incapables, les consuls généraux, consuls ou vice-consuls pourront administrer ou liquider en personne la succession, ou bien nommer, sous leur responsabilité, un agent pour administrer ou liquider ladite succession.

CONVENTION CONSULAIRE CONCLUE, LE 7 JANVIER 1862, ENTRE LA FRANCE ET L'ESPAGNE

(Du 18 mars 1862.)

ART. 20. — Quand un Français en Espagne ou un Espagnol en France sera mort sans avoir fait de testament, ni nommé d'exécuteur testamentaire, ou si les héritiers soit naturels, soit désignés par le testament, étaient mineurs, incapables ou absents, ou si les exécuteurs testamentaires nommés ne se trouvaient pas dans le lieu où s'ouvrira la succession, les consuls généraux, consuls ou vice-consuls ou agents consulaires de la nation du défunt auront le droit d'administrer et liquider eux-mêmes ou par une personne qu'ils nommeront sous leur responsabilité, la succession testamentaire ou *ab intestat*.

CONVENTION CONSULAIRE CONCLUE, LE 26 JUILLET 1862, ENTRE LA FRANCE ET LE ROYAUME D'ITALIE

(Du 24 septembre 1862.)

ART. 9. — Quand un Français en Italie ou un Italien en France sera mort sans avoir fait de testament ni nommé d'exécuteur testamentaire, ou si les héritiers, soit naturels, soit désignés par le testament, étaient mineurs, incapables ou absents, ou si les exécuteurs testamentaires nommés ne se trouvaient pas dans le lieu où s'ouvrira la succession, les consuls généraux, consuls et vice-consuls ou agents consulaires de la nation du défunt auront le droit d'administrer et liquider eux-mêmes, ou par une personne qu'ils nommeront sous leur responsabilité, la succession testamentaire ou *ab intestat*.

CONVENTION CONCLUE, LE 11 DÉCEMBRE 1866, ENTRE LA FRANCE ET L'AUTRICHE POUR LE RÈGLEMENT DES SUCCESSIONS LAISSÉES DANS L'UN DES DEUX ÉTATS PAR DES SUJETS DE L'AUTRE PAYS.

(Du 19 décembre 1866.)

ART. 3, § 5. — Les consuls généraux, consuls ou vice-consuls de la nation du défunt auront le droit d'administrer eux-mêmes, ou par une personne qu'ils nommeront sous leur responsabilité, la partie mobilière de la succession, et même liquider les successions purement mobilières.

CONVENTION CONSULAIRE CONCLUE, LE 11 JUILLET 1866, ENTRE LA FRANCE ET LE PORTUGAL

(Du 27 juillet 1867.)

ART. 8. — Quand un sujet de l'une des parties contractantes sera décédé sur le territoire de l'autre sans laisser des héritiers, ou si, au nombre des héritiers, soit naturels, soit désignés par le testament, quelqu'un était inconnu, absent, mineur ou incapable, les consuls généraux, consuls, vice-consuls ou agents consulaires de la nation du défunt, auront le droit d'administrer eux-mêmes, ou par une personne qu'ils nommeront sous leur responsabilité, la succession testamentaire ou *ab intestat*.

CONVENTION CONCLUE, LE 15 JUIN 1869, ENTRE LA FRANCE ET LA SUISSE SUR LA COMPÉTENCE JUDICIAIRE ET L'EXÉCUTION DES JUGEMENTS EN MATIÈRE CIVILE

(Du 3 juillet 1869.)

ART. 6. — La faillite d'un Français ayant un établissement de commerce en Suisse pourra être prononcée par le tribunal de sa résidence en Suisse, et réciproquement celle d'un Suisse ayant un établissement de commerce en France pourra être prononcée par le tribunal de sa résidence en France.

La production du jugement de faillite dans l'autre pays donnera au syndic ou représentant de la masse, après toutefois que le jugement aura été déclaré exécutoire, le droit de réclamer l'application de la faillite aux meubles et immeubles que le failli possédera dans ce pays.

En ce cas, le syndic pourra poursuivre contre les débiteurs le remboursement des créances dues au failli; il poursuivra également, en se conformant aux lois du pays de leur situation, la vente des bien meubles et immeubles appartenant au failli.

CONVENTION CONCLUE, LE 1er AVRIL 1874, ENTRE LA FRANCE ET LA RUSSIE, POUR LE RÈGLEMENT DES SUCCESSIONS LAISSÉES DANS L'UN DES DEUX ÉTATS PAR DES NATIONAUX DE L'AUTRE PAYS.

(Du 17 juin 1874.)

ART. 6. — Le consul aura le droit de prendre, à l'égard de la succession mobilière ou immobilière du défunt, toutes les mesures conservatoires qu'il jugera utiles dans l'intérêt des héritiers. Il pourra l'administrer, soit personnellement, soit par des délégués choisis par lui et agissant en son nom, et il aura le droit de se faire remettre toutes les valeurs appartenant au défunt qui pourraient se trouver déposées soit dans les caisses publiques, soit chez des particuliers,

CONVENTION CONSULAIRE CONCLUE, LE 7 JANVIER 1876, ENTRE LA FRANCE ET LA GRÈCE

(Du 2 mars 1878.)

Art. 14. — Si, parmi les héritiers et légataires universels ou à titre universel, il s'en trouve dont l'existence soit incertaine ou le domicile inconnu, qui ne soient pas présents ni dûment représentés, qui soient mineurs ou incapables, ou si, étant tous majeurs et présents, ils ne sont pas d'accord sur les droits et qualités, le consul, après que l'inventaire aura été dressé, sera, comme séquestre des biens de toute nature laissés par le défunt, chargé de plein droit d'administrer et de liquider la succession.

CONVENTION CONSULAIRE CONCLUE, LE 5 JUIN 1878, ENTRE LA FRANCE ET LA RÉPUBLIQUE DU SALVADOR

(Du 3 août 1879.)

Art. 14. — Si, parmi les héritiers et légataires universels ou à titre universel, il s'en trouve dont l'existence soit incertaine ou le domicile inconnu, qui ne soient pas présents ni dûment représentés, qui soient mineurs ou incapables, ou si, étant tous majeurs et présents, ils ne sont pas d'accord sur leurs droits et qualités, l'autorité consulaire, après que l'inventaire aura été dressé, sera, comme séquestre des biens de toute nature laissés par le défunt, chargée de plein droit d'administrer et de liquider la succession.

TRAITÉ D'AMITIÉ ET DE COMMERCE CONCLU, LE 24 JANVIER 1873, ENTRE LA FRANCE ET LA BIRMANIE

(Du 28 mai 1884.)

Art. 5. — Dans le cas de décès d'un Français en Birmanie ou d'un Birman en France, les biens du décédé seront remis à ses héritiers et, à leur défaut, au consul de la nation, qui se chargera de les faire parvenir aux ayants droit.

CONVENTION CONSULAIRE CONCLUE, LE 25 OCTOBRE 1882, ENTRE LA FRANCE ET LA RÉPUBLIQUE DOMINICAINE

(Du 23 juin 1887.)

ART. 14. — Si, parmi les héritiers et légataires universels ou à titre universel du défunt, il s'en trouve dont l'existence soit incertaine ou le domicile inconnu, qui ne soient pas présents ni dûment représentés, qui soient mineurs ou incapables, ou si, étant tous majeurs et présents, ils ne sont pas d'accord sur leurs droits et qualités, l'autorité consulaire, après que l'inventaire aura été dressé, sera, comme séquestre des biens de toute nature laissés par le défunt, chargée de plein droit d'administrer et de liquider la succession.

APPENDICE IV

CAISSE NATIONALE DES RETRAITES

Pour la vieillesse

EXEMPLES TIRÉS DES TARIFS ACTUELLEMENT EN VIGUEUR[1]

I. — Un père de famille effectue un seul versement de **100 francs** sur la tête de son **enfant âgé de 3 ans**; la rente acquise serait :

Pour la jouissance à	à capital réservé, de	à capital aliéné, de
50 ans	41 fr.	51 fr.
60 ans	92	115
65 ans	153	190

II. — Un livret de **50 francs, donné en prix à un enfant de 10 ans**, lui assure, à capital aliéné :

Avec jouissance	une rente de
à 50 ans	19 fr.
à 60 ans	44
à 65 ans	72

III. — Une économie de **10 centimes** par jour, soit **36 francs** par an, faite depuis **16 ans** :

Jusqu'à	produirait une rente de	à capital réservé et de	à capital aliéné
50 ans	139 f.	208 f.	
55 ans	210	319	
60 ans	331	509	

IV. — Pour s'assurer **360 francs** de rente à **60 ans**, il faudrait verser par année :

Si les versements sont commencés	à capital réservé ou	à capital aliéné
à 16 ans	39 f.	25 f.
à 20 ans	50	31
à 25 ans	68	41
à 30 ans	94	54

V. — Un père de famille qui verserait **par jour 10 centimse** sur la tête d'un enfant, — soit **36 francs** par an, — depuis **l'âge de 3 ans** jusqu'à **l'âge de 21 ans inclusivement**, lui assurerait :

Avec jouissance	une rente de	à capital réservé et de	à capital aliéné
à 50 ans	194 f.	252 f.	
à 55 ans	283	367	
à 60 ans	435	564	
à 65 ans	721	936	

(1) Les tarifs officiels complets sont mis à la disposition du public au prix de 10 centimes ou envoyés par la poste au prix de 15 centimes.
Les demandes doivent être adressées au Directeur général de la Caisse des dépôts et consignations, 3, quai d'Orsay, à Paris.

APPENDICE V

LOI DU 9 JUIN 1893

Relative aux actes de procuration, de consentement à mariage et d'autorisation maritale dressés aux armées ou dans le cours d'un voyage maritime.

ARTICLE PREMIER. — En temps de guerre ou pendant une expédition, les actes de procuration, les actes de consentement à mariage ou à engagement militaire et les déclarations d'autorisation maritale consentis ou passés par les militaires, les marins de l'État ou les personnes employées à la suite des armées ou embarquées à bord des bâtiments de l'État, pourront être dressés par les fonctionnaires de l'intendance ou les officiers du commissariat.

A défaut de fonctionnaires de l'intendance ou d'officiers du commissariat, les mêmes actes pourront être dressés : 1° dans les détachements isolés, par l'officier commandant pour toutes les personnes soumises à son commandement; 2° dans les formations ou établissements sanitaires dépendant des armées, par les officiers d'administration gestionnaires, pour les personnes soignées ou employées dans ces formations ou établissements; 3° à bord des bâtiments qui ne comportent pas d'officier d'administration, par le commandant ou celui qui en remplit les fonctions; 4° dans les hôpitaux maritimes et coloniaux, sédentaires ou ambulants, par le médecin directeur ou son suppléant, pour les personnes soignées ou employées dans ces hôpitaux.

ART. 2. — Au cours d'un voyage maritime, soit en route, soit pendant un arrêt dans un port, les mêmes actes concernant les personnes présentes à bord pourront être dressés : sur les bâtiments de l'État, par l'officier d'administration ou, à son défaut, par le commandant ou celui qui en remplit les fonctions, et, sur les autres bâtiments, par le capitaine, maître ou patron assisté par le second du bord, ou, à leur défaut, par ceux qui les remplacent.

Ils pourront de même être dressés, dans les hôpitaux maritimes ou coloniaux, sédentaires ou ambulants, par le médecin directeur ou son suppléant, pour les personnes employées ou soignées dans ces hôpitaux.

Art. 3. — Hors de France, la compétence des fonctionnaires et officiers désignés aux deux articles précédents sera absolue.

En France, elle sera limitée au cas où les intéressés ne pourront s'adresser à un notaire. Mention de cette impossibilité sera consignée dans l'acte.

Art. 4. — Les actes reçus dans les conditions indiquées en la présente loi seront rédigés en brevet.

Ils seront légalisés : par le commissaire aux armements, s'ils ont été dressés à bord d'un bâtiment de l'État; par l'officier du commissariat chargé de l'inscription maritime, s'ils ont été dressés sur un bâtiment de commerce; par un fonctionnaire de l'intendance ou par un officier du commissariat, s'ils ont été dressés dans un corps de troupe; et par le médecin-chef, s'ils ont été dressés dans un hôpital ou une formation sanitaire militaires.

Ils ne pourront être valablement utilisés qu'à la condition d'être timbrés et après avoir été enregistrés.

MODÈLE A

DEMANDE DE LIVRET

A REMPLIR PAR LA PERSONNE QUI VERSE POUR SON PROPRE COMPTE

Je soussigné (Nom) ....

(Prénoms) .... (Age) ....

(Lieu de naissance et nationalité) ....

(Date de la naissance) ....

(Profession) ....

(Demeure) lieu .... (département ....)

rue .... n° ....

Renseignements complémentaires. (*Femme mariée, mineur, etc.*)	....
	....
	....
	....
	....

prie la Caisse nationale d'épargne de vouloir bien m'ouvrir un livret qui devra contenir le versement de la somme de .... francs, ... centimes, que j'ai fait ce jour.

Je déclare, en outre, n'être *titulaire d'aucun autre livret*, soit de la Caisse nationale, soit d'une Caisse d'épargne privée.

Fait en double, à .... le .... 189......,

Signature du déposant. }

Modèle B

DEMANDE DE LIVRET

POUR LE COMPTE D'UN TIERS

Un livret de la Caisse nationale d'épargne avec inscription d'un premier versement de .... francs .... centimes est demandé au profit de :

(Nom) ....

(Prénoms) .... (Age) ....

(Lieu de naissance et nationalité) ....

(Date de la naissance) ....

(Profession) ....

(Demeure) lieu .... (département ....)

rue .... n° ....

Renseignements complémentaires. (*Mineur, aliéné, etc.*) ....
....
....
....
....

La présente demande est déposée par le soussigné :

(Nom et prénoms) : ....

domicilié à .... (département ....

rue .... n° .... agissant en qualité de ....

lequel déclare que M. .... n'est *titulaire d'aucun autre livret*, soit de la Caisse nationale, soit d'une Caisse d'épargne privée.

Fait en double, à ...., le .... 189........ .

Signature de la partie versante.

MODÈLE C

CAISSE D'ÉPARGNE DE ....

DEMANDE DE LIVRET
A l'effet de déposer pour la première fois
A UNE CAISSE D'ÉPARGNE PRIVÉE.

Je, soussigné ....

(Nom) ....

(Prénoms) ....

(Age) ....

(Lieu de naissance) ....

(Date de la naissance) ....

(Profession) ....

(Demeure) ....

Déclare demander à la Caisse d'épargne de ....
par l'intermédiaire de M. le Percepteur à ....
la délivrance d'un livret aux nom et prénoms ci-dessus,
pour lequel j'ai versé une somme de .... francs,
suivant quittance à souche n° .... en date de ce jour.

A ...., *le* .... 189 .

(Signature du Déposant.)

Vu : | Certifié :
Le Receveur des Finances, | *Le Percepteur,*

Modèle D

AUTORISATION
DE PREMIER VERSEMENT

Je soussigné,

(Nom) ....

(Prénoms) ....

(Age) ....

(Lieu de naissance) ....

(Date de la naissance) ....

(Profession) ....

(Demeure) ....

autorise M.

(Nom) ....

(Profession) ....

(Demeure) ....

à me représenter auprès de la Caisse nationale d'épargne (ou de la Caisse d'épargne de.............................), à l'effet d'y faire un premier versement en mon nom, donner tous renseignements à ce nécessaires et signer la demande de livret.

Fait à........................, le............................189......

Signature du Représentant :

Signature du Déposant :

MODÈLE E

DÉCLARATION DE PERTE

DE[1] QUITTANCE A SOUCHE OU DE BULLETIN DE DÉPOT

Je soussigné :

(Nom) ....

(Prénoms) ....

(Profession) ....

(Demeure actuelle) ....

(Demeure lors du versement) (ou du dépôt.) ....

déclare avoir perdu une quittance délivrée le.................. 189......,

sous le n°.................., par le Receveur des postes et des télégraphes du bureau d..

et constatant (1) { *le dépôt de mon livret n°* .... ou *le versement d'une somme de F*.................. *à inscrire sur un livret à mon nom.*

Je demande que ce livret me soit remis sans exiger la production de la quittance.

A.................., le.................. 189.......

Vu pour la légalisation de la signature ci-contre :
Le Maire (1) ou *le Commissaire de police* (1).

Signature du déposant :

Le livret n°.................. peut être remis à M. ....
.... sans exiger la quittance qu'il déclare avoir perdue.

A.................., le.................. 189.......

Reçu le livret ci-dessus désigné,

A.................., le.................. 189.......

Le Directeur des Postes et des Télégraphes du département,

Signature du déposant :

(1) Biffer, suivant le cas, l'une des deux indications.

Modèle F

MODÈLE DE PROCURATION SOUS SEING PRIVÉ

Je soussigné,
(Nom) :
(Prénoms) :
(Profession) :
(Demeure) :
titulaire du livret n°
pris dans le département d
donne pouvoir à M.
(Nom) :
(Prénoms) :
(Demeure) :
dont la signature est apposée ci-dessous, de, pour moi et en mon nom [1]
promettant l'avouer et ratifier le tout au besoin.

Fait à , le 189

(*Signature du Fondé de pouvoir*). (*Signature du Titulaire du livret*).

Nous { Maire d
Commisaire de police d

certifions véritable la signature de M.
titulaire du livret, apposée ci-dessus.

Fait à , le 189

(Timbre de la mairie ou du commissariat de police.)

(1) Indication des principales dispositions à insérer, selon le cas, dans la procuration par le constituant :

(*a*) Retirer de la Caisse d'épargne la somme de (en toutes lettres);

(*b*) Retirer de la Caisse d'épargne, en une ou plusieurs fois, la totalité de mon avoir;

(*c*) Demander l'achat de (en toutes lettres) francs de rentes (nature de la rente) pour 100 sur l'État, à valoir sur les sommes qui sont inscrites à mon compte;

(*d*) Demander la conversion en rentes sur l'État de tout ou partie de mon avoir;

(*e*) Recevoir toute inscription de rente achetée par l'intermédiaire de la Caisse d'épargne, et en donner décharge;

(*f*) Donner tous reçus, signer toutes quittances et décharges valables, et généralement tout ce qui sera nécessaire dans mon intérêt.

Dans le cas de procuration générale, le constituant devra reproduire les dispositions énoncées sous les indicatifs *B*, *D*, *E* et *F*.

Modèle G

MODÈLE DE PROCURATION PAR-DEVANT LE MAIRE

Nous, Maire d
certifions que M.
(Nom) :
(Prénoms) :
(Profession) :
(Demeure) :
titulaire du livret n°
pris dans le département d
s'est présenté devant nous cejourd'hui, et qu'il nous a déclaré que ne sachant signer, il donnait pouvoir à M.
(Nom) :
(Prénoms) :
(Demeure) :
de, pour lui et en son nom[1]
ayant promis l'avouer.

Fait à, le 189

(*Signature du Fondé de pouvoir.*) (*Signature du Maire.*)

(Timbre de la mairie.)

[1] (*a*) Retirer de la Caisse d'épargne la somme de (en toutes lettres);
(*b*) Retirer de la Caisse d'épargne, en une ou plusieurs fois, la totalité de son avoir;
(*c*) Demander l'achat de (en toutes lettres) francs de rente (nature de la rente) pour 100 sur l'État, à valoir sur les sommes qui sont inscrites à son compte;
(*d*) Demander la conversion en rentes sur l'État de tout ou partie de son avoir;
(*e*) Recevoir toute inscription de rente achetée par l'intermédiaire de la Caisse d'épargne, et en donner décharge;
(*f*) Donner tous reçus, signer toutes quittances et décharges valables, et généralement tout ce qui sera nécessaire dans son intérêt.

Dans le cas de procuration générale, on devra reproduire les dispositions énoncées sous les indicatifs *B*, *D*, *E* et *F*.

Modèle H

CAISSE NATIONALE D'ÉPARGNE

N°.................................

DEMANDE DE REMBOURSEMENT PARTIEL

(1re Partie)

Je soussigné (*nom*) ....

(*prénoms*) ....

(*profession*) ....

Adresse où doit être envoyée l'autorisation	à..
	rue.. n° ....
	département d..

titulaire du livret n° [illegible] — [illegible]

pris dans le département d..

(*renseignements complémentaires*) (1) ....

....

....

demande à la Caisse nationale d'épargne le remboursement de la somme de (en toutes lettres)..

....

payable au bureau de poste d..

département d..

A.., le .... 19.......

(*Signature.*)

(1) Mineur, femme mariée, etc.

Modèle I

CAISSE NATIONALE D'ÉPARGNE

DEMANDE DE REMBOURSEMENT INTÉGRAL

(1re Partie)

Je soussigné (*nom*) ....

(*prénoms*) ....

(*profession*) ....

Adresse actuelle
- à ....
- rue .... n° ....
- département d ....

titulaire du livret n° ..... — ....

pris dans le département d ....

(*Renseignements complémentaires*) (1) ....

....

....

demande à la Caisse nationale d'épargne le remboursement total de mon livret (capital et intérêts).

A Paris, le .... 189.....

(*Signature.*)

(1) Mineur, femme mariée, etc.

Modèle J

CAISSE NATIONALE D'ÉPARGNE

DEMANDE DE REMBOURSEMENT
PAR MANDATS-POSTE

Je soussigné (nom) :

(prénoms) :

(profession) :

demeurant à (département

d), rue , n°

(département où le livret a été pris) :

(numéro du livret) :

(date du dernier versement) :

ai l'honneur de demander à la Caisse nationale d'épargne le remboursement de la somme de

en mandats-poste aux noms ci-après :

NOMS ET PRÉNOMS ou profession DES BÉNÉFICIAIRES	RÉSIDENCE (RUE ET NUMÉRO)	SOMME à PAYER		DROIT de 1 p. 0/0		TOTAL A IMPUTER sur mon compte	
	Totaux						

A , le 189

(Signature.)

Modèle K

DEMANDE DE REMBOURSEMENT

Livret N° ________ (• Série)

Le ________ 189

je demande à retirer la somme de ________

____

de celles inscrites en mon nom sur ledit livret.

Demeure actuelle, ________

____

Demeure lors du premier versement ________

____

Profession ________

Signature du déposant :

Vérifié :

CAISSE D'ÉPARGNE DE

QUITTANCE

Livret N° ________ (• Série)

M ________

____

Quittance de.	FRANCS.	CENTIMES.

Reçu de la Caisse d'épargne la somme de ________

____

de celles inscrites en mon nom sur ledit livret.

A ________, *le* ________ 189

Signature :

Vu par le Directeur :

	QUINZAINES				
	CAPITAL		INTÉRÊTS		
					Anticipés.
					Rétrogradés.
					Restants.

MODÈLE L

CAISSE D'ÉPARGNE DE

DEMANDE DE REMBOURSEMENT ET QUITTANCE

DEMANDE DE REMBOURSEMENT	CAISSE D'ÉPARGNE DE	QUITTANCE
Livret N° ______ (• Série)		Livret N° ______ (• Série)
A ______, *le* ______ 189		*M* ______
Je demande à retirer la somme de ______		Quittance . . . . | Francs | Centimes
de celles inscrites en mon nom sur ledit livret.		*Reçu de la Caisse d'épargne la somme de* ______
Demeure actuelle ______		*de celles inscrites en mon nom sur ledit livret.*
Demeure lors du 1er versement ______		*A* ______, *le* ______ 189
Profession ______		Signature.
Signature du déposant :		

Vu bon à payer pour le compte de la Caisse d'épargne.
A ______, *le* ______ 189
Le Caissier de la Caisse d'épargne,

Vu bon à payer par le Percepteur.
A ______, *le* ______ 189
Le Receveur des finances.

Modèle M

FORME DES CERTIFICATS DE PROPRIÉTÉ DÉLIVRÉS PAR LES NOTAIRES

Livret n° de la Caisse nationale d'épargne (ou de la Caisse d'épargne de), au nom de .

Je soussigné , notaire à .

Attendu le décès dudit sieur inscrit au registre de l'état civil de , le .

Vu

(*Énumération des actes et des dispositions légales desquelles découle l'attribution de propriété.*)

Certifie, conformément à la loi du 28 floréal an VII, que le livret dont le libellé figure en tête du présent appartient à

En foi de quoi, etc.

(*Sceau du notaire.*) (*Signature du notaire.*)

(*Légalisation, s'il y a lieu.*)

Modèle N

FORME DES CERTIFICATS DE PROPRIÉTÉ DÉLIVRÉS PAR LES JUGES DE PAIX

Livret n° de la Caisse nationale d'épargne (ou de la Caisse d'épargne de), au nom de .

Nous , juge de paix du canton de , arrondissement de

Certifions, en vertu de la loi du 28 floréal an VII, et sur l'attestation de MM. , demeurant tous deux à

Que M. , titulaire du livret ci-dessus désigné, est décédé *intestat* à , commune de notre canton, le .

Qu'après son décès il n'a pas été fait d'inventaire;

Et que ses héritiers sont :

(*Énumération des héritiers*);

Qu'en conséquence le livret d'épargne dont le libellé est ci-dessus figuré appartient à .

En foi de quoi, etc.

(*Sceau de la justice de paix.*)

(*Signature du juge de paix.*)

(*Légalisation, s'il y a lieu.*)

Modèle O

FORME DES CERTIFICATS DE PROPRIÉTÉ DÉLIVRÉS PAR LES GREFFIERS

Livret d'une Caisse nationale d'épargne (ou de la Caisse d'épargne de), au nom de .

Je, sousigné , greffier du tribunal de

Vu :

1° La minute du jugement rendu par le

Par lequel jugement le livret dont le libellé est ci-dessus a été attribué à

2° Le certificat de signification dudit jugement délivré par

3° Et le certificat de non-opposition, ni appel, délivré par moi le

Certifie, conformément à la loi du 28 floréal an VII, que le livret désigné ci-dessus appartient à

En foi de quoi, etc.

(Sceau.) *(Signature du greffier.)*

(Légalisation.)

Modèle P

FORME DES CERTIFICATS DE PROPRIÉTÉ DÉLIVRÉS PAR LES MAIRES

Livret n° de la Caisse nationale d'épargne (ou de la Caisse d'épargne de), au nom de .

Nous, soussigné , maire de la commune de , arrondissement de .

Certifions, sur l'attestation de MM. demeurant tous deux à .

Que M. , titulaire du livret ci-dessus désigné, est décédé à , le , et que ses seuls héritiers sont .

Qu'en conséquence le livret d'épargne dont le libellé est ci-dessus appartient à .

En foi de quoi, etc.

(*Sceau de la mairie.*) (*Signature du maire.*)

(*Légalisation.*)

MODÈLE Q

DEMANDE D'ACHAT DE RENTE

(CAISSE NATIONALE D'ÉPARGNE)

Je soussigné (nom) ....
(prénoms) ....
né à ....
le ....
demeurant à ....
rue .... n° ....
département d ....
titulaire du livret n° ....
pris dans le département d ....

Renseignements complémentaires ....
....
....

demande à la Caisse nationale d'épargne d'acheter pour mon compte, sans frais, par l'entremise de la Caisse des dépôts et consignations, et de faire transférer à mon nom une inscription de .... francs de rente de .... p. %
.... sur l'État, au cours moyen de la Bourse de Paris.

Le prix de ladite rente sera déduit de mon avoir sur mon livret dont le numéro est désigné ci-dessus.

L'inscription devra être ....
et les arrérages en seront assignés sur la Trésorerie générale du département d ....

Le titre de rente devra m'être remis au bureau de poste d .... département d ....
(ou devra être conservé, par la Caisse nationale d'épargne, pour les arrérages être inscrits au crédit de mon compte à chaque échéance).

A .... le .... 189 ......

(*Signature.*)

MODÈLE R

DEMANDE D'ACHAT DE RENTE
(CAISSE D'ÉPARGNE D)

DEMANDE D'ACHAT DE RENTE

LIVRET N° (° série)

Le 18

Je, soussigné, demeurant ....
....
et précédemment
Désirant employer à l'acquisition d'une rente sur l'État .... pour 100 une partie des sommes inscrites sur mon livret, demande que la caisse d'épargne achète pour mon compte, sans frais, par l'intermédiaire de la Caisse des dépôts et consignations, et fasse transférer en mon nom, une rente de..........................
....
au cours de la Bourse. Le prix de ladite rente sera déduit du montant de mon avoir.

Signature du titulaire :

VISA.

CAISSE D'ÉPARGNE DE

ACHAT DE RENTE

LIVRET N° (° série)

NOMS ET PRÉNOMS : ....
....

DE RENTE °/.	fr. PRIX DE LA RENTE	c.

Le 18

En exécution de la demande d'achat de rente ci-contre, il a été acheté pour compte et au nom du titulaire du livret ci-dessus énoncé, par l'intermédiaire de la Caisse des dépôts et consignations, sans frais et au cours de la Bourse du..........................
la somme de rente susdite dont le coût a été de ....
....
....
.........................., laquelle somme a été immédiatement déduite du compte du titulaire.

Le Caissier,

L'Administrateur,

Modèle R bis

CAISSE D'ÉPARGNE DE

RÉCÉPISSÉ d'une Inscription de Rente.......... %

Livret N°.............................. (......° *Série*)

NOM et PRÉNOMS ....

NUMÉRO DE L'INSCRIPTION	SÉRIES	SOMME DE RENTE	PRIX DE LA RENTE	
			fr.	c.

Je soussigné,..

....

demeurant à..

....

reconnais avoir reçu de la Caisse d'épargne de..............................

l'Inscription de Rente énoncée ci-dessus, dont décharge.

A.................., le.............................. 18......

Vu et vérifié (*Signature.*)

MODÈLE S

DEMANDE DE TRANSFERT-PAYEMENT

Faite préalablement au changement de domicile ou de résidence du déposant

---

Je soussigné :

(Nom)..

(Prénoms) ....

(Profession) ....

(Demeure) ....

titulaire à la Caisse d'épargne d..

du livret n° .... (e série), désirant profiter de la faculté donnée par l'article 8 de la loi du 5 juin 1835 à tout déposant de faire transférer ses fonds d'une Caisse d'épargne à une autre, prie MM. les Directeurs de la Caisse d'épargne d..............................., département d.., de régler et de solder le livret ci-dessus énoncé, et d'en faire transférer le montant total à la Caisse d'épargne d..............................., département d...

(Je demande, en outre, que l inscription de rente dont je suis titulaire, et dont la Caisse d'épargne d...............................
est dépositaire, soi comprise dans le transfert (1).

Je reconnais qu'au moyen de ce transfert-payement, la Caisse d'épargne d.. sera entièrement libérée envers moi, et lui donne quittance des fonds portés à mon compte et qui font l'objet dudit transfert.

Fait double à ....

le .... 189 .

Le Titulaire,

(1) Cette partie de la demande est facultative pour le déposant.

MODÈLE T

DEMANDE DE TRANSFERT-PAYEMENT

Faite préalablement au changement de domicile ou de résidence du déposant par déclaration devant le maire

---

Nous, maire d.. certifions que :

(Nom) ....

(Prénoms) ....

(Profession) ....

(Demeure) ....

titulaire à la Caisse d'épargne d.. du livret n° .... (° série), s'est présenté devant nous cejourd'hui, nous a dit qu'il désirait profiter de la faculté donnée par l'article 8 de la loi du 5 juin 1835 à tout déposant de faire transférer ses fonds d'une Caisse d'épargne à une autre, et nous a déclaré que, ne sachant pas signer, il priait, par notre intermédiaire, MM. les Directeurs de la Caisse d'épargne d........................, département d.., de régler et de solder le livret ci-dessus énoncé, et d'en faire transférer le montant total à la Caisse d'épargne d.. département d.. (avec l inscription de rente dont il est titulaire et dont la Caisse d'épargne d........................ est dépositaire (1); reconnaissant qu'au moyen de ce transfert-payement la Caisse d'épargne d.. sera entièrement quitte envers lui.

Fait double à ....

le .... 189 .

Cachet de la Mairie : *Le Maire,*

(1) Cette partie de la demande est facultative pour le déposant.

MODÈLE **U**

TRANSFERT

BULLETIN DE VIREMENT (N°   )

sur la Caisse d'épargne d..

département d..

NUMÉRO DU LIVRET SOLDÉ par transfert	NOM DU TITULAIRE (*sans prénoms*)			SOMME TRANSFÉRÉE	OBSERVATIONS
					Le titulaire est prévenu que son compte nouveau sera soumis aux conditions établies par la Caisse d'épargne à laquelle le transfert est envoyé.
	INSCRIPTIONS DE RENTE				
	NOMBRE	NATURE DE RENTE	MONTANT EN RENTE		

A la demande du titulaire du livret, le solde du compte et les inscriptions de rentes qu'il avait à la Caisse d'épargne d........................ ....doit être transféré à la Caisse d'épargne d.., où il lui sera ouvert un compte nouveau productif d'intérêts.

A l'arrivée du titulaire, un livret nouveau lui sera délivré en échange du présent bulletin.

A.., le..189.........

Le Caissier, *Le Directeur de service,*

Nota. — Ce bulletin de virement est remis au titulaire en échange du livret, si son compte est réglé immédiatement, ou du bulletin de dépôt, si un délai est nécessaire pour ce règlement.

MODÈLE V

DEMANDE DE TRANSFERT-PAYEMENT

Faite par le déposant postérieurement à son changement de domicile ou de résidence

Je soussigné :

(Nom) ....

(Prénoms) ....

(Profession) ....

(Demeure) ....

titulaire à la Caisse d'épargne d.................................. du livret n° .... (e série), désirant profiter de la faculté donnée par l'article 8 de la loi du 5 juin 1835 à tout déposant de faire transférer ses fonds d'une Caisse d'épargne à une autre, prie MM. les Directeurs de la Caisse d'épargne d.............................., département d.............................., de régler et de solder le livret ci-dessus énoncé, et d'en faire transférer le montant total à la Caisse d'épargne d.............................., département d.............................. .

Je demande en outre que l   inscription   de rente   dont je suis titulaire, et dont la Caisse d'épargne d.............................. est dépositaire, soi   comprise   dans le transfert (1).

Je reconnais qu'au moyen de ce transfert-payement, la Caisse d'épargne d.............................. sera entièrement quitte envers moi.

Fait double à ....

le .... 189 .

Le Titulaire,

Nous, Maire d.............................., certifions véritable la signature de M. .... apposée ci-contre.

Fait à .... le .... 189 .

Cachet de la Mairie

Le Maire,

Le Directeur de service et le Caissier de la Caisse d'épargne d.............................. département d.............................. certifient que la signature du déposant apposée ci-dessus, est, après vérification, conforme à celle qui est portée au registre matricule (2).

A .... le .... 189 .

Le Caissier, *Le Directeur de service,*

Nota. — Les deux doubles de la demande doivent être pliés ensemble et envoyés, affranchis comme correspondance, à leur adresse. Le livret peut être envoyé séparément comme papiers d'affaires. L'un des doubles restera à la Caisse d'épargne d..............................; l'autre sera transmis à la Caisse des dépôts et consignations avec les bordereaux et avis de virement.

(1) Cette partie de la demande est facultative pour le déposant.

(2) Mention à ajouter par la Caisse expéditrice sur le double qui doit être expédié à la Caisse destinataire.

A MM. les Directeurs de la Caisse d'épargne d..............................

Modèle X

CAISSE NATIONALE D'ÉPARGNE

DEMANDE DE TRANSFERT-PAYEMENT

Je soussigné :

(Nom) ....

(Prénoms) ....

(Profession) ....

(Demeure) ....

titulaire à la Caisse d'épargne privée d..................................... département d.................................., du livret n° .... (° série) ci-joint ;

Désirant transférer à la Caisse nationale d'épargne instituée par la loi du 9 avril 1881 :

1° La totalité de mes fonds;

2° L inscription de .... francs .... p. 0/0 que j'ai en dépôt ;

Ai l'honneur de prier la Caisse d'épargne d.................................... de vouloir bien régler et solder le livret ci-dessus énoncé, d'en payer le montant total (capital et intérêts) et de remettre l dite inscription à la Caisse nationale.

A cet effet, je donne à M. le Receveur des postes.. ou à son délégué tout pouvoir pour signer toutes quittances et décharges valables; et je reconnais qu'au moyen du présent transfert-payement la Caisse d'épargne d.............................. sera entièrement quitte envers moi.

Fait en double expédition, à ...., le .... 189 .

Signature de la Partie :

Nous, Maire d.............................. département d.............................., certifions véritable la signature apposée ci-dessus.

A.............................., le .... 189 .

Timbre de la Mairie. Signature du Maire :

Le Caissier de la Caisse d'épargne privée déclare avoir remis au Receveur des postes la somme de.. dont le montant est soumis à la condition du remboursement ci-après ;

....

....

Timbre ou cachet de la Caisse d'épargne privée.

Le Caissier,

Vu et accepté :

Timbre à date du bureau de poste.

Le Receveur des postes

MODÈLE Y

DEMANDE DE TRANSFERT-PAYEMENT

Par déclaration devant le maire en présence de témoins

Nous, Maire d..,
département d.., certifions que :
(Nom) ....
(Prénoms) ....
(Profession) ....
(Demeure) ....
titulaire à la Caisse d'épargne privée d..............................
département d.., du livret n° ....
(e série) ci-joint, s'est présenté devant nous cejourd'hui et nous a déclaré que, désirant transférer la *totalité* de ses fonds à la Caisse nationale d'épargne, instituée par la loi du 9 avril 1881, il prie, par notre intermédiaire, la Caisse d'épargne d..............................
de vouloir bien régler et solder le livret ci-dessus énoncé et d'en payer le montant total (capital et intérêts) à ladite Caisse nationale.

A cet effet, M.. nous a déclaré donner à M. le Receveur des postes..
ou à son délégué tout pouvoir pour signer toutes quittances et décharges valables, et a déclaré qu'au moyen du présent transfert-payement la Caisse d'épargne d.. sera entièrement quitte envers lui.

La présente déclaration faite en présence de M..............................
et M.., qui ont signé avec nous.

Fait en double expédition, à..
le .... 189 .

Signature des deux Témoins }

A ...., le .... 189 .

Timbre de la Mairie. Signature du Maire :

Le Caissier de la Caisse d'épargne privée déclare avoir remis au Receveur des postes la somme de..
dont le montant est soumis à la condition de remboursement ci-après :
....
....

Timbre ou cachet de la Caisse d'épargne privée.

Le Caissier,

VU ET ACCEPTÉ :

Timbre à date du bureau de poste

Le Receveur des postes.

Modèle Z

BULLETIN D'ÉPARGNE

A VERSER DANS UN BUREAU DE POSTE QUELCONQUE

POUR UNE SOMME DE **UN FRANC** REPRÉSENTÉE PAR DES TIMBRES-POSTE DE **5** OU DE **10** CENTIMES

Nom et prénoms du Déposant ....

Livret N^os .... Date du versement ....

DIVISION PRINCIPALE DES MATIÈRES

Nota. — Voir ci-après la table détaillée des matières.

TABLE ALPHABÉTIQUE DES MATIÈRES

Les numéros indiqués dans la présente table sont ceux des articles.

A

D

F

G

H

I

J

L

M

N

O

P

T

21570. — Imprimerie Lahure, rue de Fleurus, 9, à Paris.

[illegible]

www.ingramcontent.com/pod-product-compliance
Ingram Content Group UK Ltd.
Pitfield, Milton Keynes, MK11 3LW, UK
UKHW020116200726
13856UKWH00002B/569

9 782011 949554